ACTE PUBLIC

POUR LE DOCTORAT.

DE STATU HOMINUM;

DES ÉTRANGERS

CONSIDÉRÉS SOUS LE POINT DE VUE

DU DROIT PRIVÉ ET DU DROIT PUBLIC:

DISSERTATION

PRÉSENTÉE

A LA FACULTÉ DE DROIT DE POITIERS,

POUR OBTENIR LE GRADE DE DOCTEUR,

Par Charles-Félix Barbier,

AVOCAT A LA COUR ROYALE.

POITIERS.

IMPRIMERIE DE FRANÇOIS-AIMÉ BARBIER,

Imprimeur de la Faculté de Droit.

1842.

PRÉSIDENT DE LA COMMISSION :

M. FOUCART, Doyen.

SUFFRAGANTS :

M. FOUCART, Doyen;
M. GRELLAUD, Professeur;
M. PERVINQUIÈRE (A.), Professeur;
M. BOURBEAU, Professeur;
M. ÉTIENNE, Professeur Suppléant.

A MON PÈRE ET A MA MÈRE.

Jus Romanum.

DE STATU HOMINUM.

Omne jus, quo utimur, vel ad personas pertinet, vel ad res, vel ad actiones. De personis tantùm mihi disserendum est. Personæ porro vocabulum duplici sensu accipitur : vulgò enim omnes homines personæ appellantur; strictiori verò significatione persona est, cui jura competere possunt. Homines autem qui personæ qualitate gaudent statum vel caput habere dicuntur. Status hominum est naturalis vel civilis. Quoad statum naturalem homines vel sunt nati, vel nascituri; vel viventes, vel mortui; vel masculi, vel feminæ; vel sani corporis, vel ægroti; vel sanæ mentis, vel mente capti; vel minores, vel majores.

De nativitate.

1.° Homines sunt vel nascituri, vel nati; sed de illis receptum est axioma : is qui nasci speratur, cùm de ipsius jure quæritur, pro superstite habetur. Nati sunt qui jam vivi ex utero prodierunt; nihil verò refert quomodo à matre separati fuerint, siquidem certa signa vitæ dederint. Qui mortui nascuntur neque nati neque procreati videntur; ast non sufficit illum aliquo momento vixisse; nam abortus, licet vivens, pro nato non habetur : septimo mense nasci perfectum partum receptum est, propter auctoritatem doctissimi viri Hippocratis. Id nomen nati non merentur monstra, contra formam humani generis procreata.

De morte. 2.° Homines vel viventes, vel mortui sunt. Homines juris capaces esse desinunt interveniente morte. Longævi hominis vita centum annorum spatio finiri creditur; itaque placuit in usufructu, qui nec morte nec capitis diminutione periturus est, centum annis tantùm tuendos esse municipes.

De sexuum discriminibus. 3.° Sexûs ratione aut masculi sunt homines aut feminæ. Sexûs discrimen parvi in jure momenti est, nam feminæ à regula eodem jure ac mares utuntur; unde quæ de masculis statuuntur feminas quoque spectant, nisi aliud sanciatur. In nonnullis tamen juris articulis deterior est feminæ conditio. Enimverò feminæ ab omnibus officiis civilibus vel publicis remotæ sunt; et ideò nec judices esse possunt, nec magistratum gerere. Feminis quoque prohibetur pro aliis postulare, et ratio quidem prohibendi est ne, contra pudicitiam sexui congruentem, alienis causis se immisceant, ne virilibus officiis fungantur. Origo verò introducta est à Cafarnia improbissima femina, quæ inverecundè postulans et magistratum inquietans, causam dedit edicto. Præterea feminæ tutores dari non possunt; quia id munus masculorum est, nisi à principe filiorum tutelàm specialiter postulent. Hermaphroditus ejus sexûs esse censetur qui in eo prævalet.

De valetudine. 4.° Homines se dividunt in sanos et in laborantes, secundùm corpus. Differunt quoque animi integritate; quidam enim non sunt sanæ mentis, qui mente capti vocantur: iidemque aut furiosi sunt, aut dementes: furiosis in jure æquiparati sunt prodigi, quibus bonis interdictum est.

De ætatis discriminibus. 5.° Sunt homines vel majores XXV annis vel minores. Minores autem sunt puberes aut impuberes. Pubertas minus plena incipit in masculis anno XIV, in feminis anno XII. Plena verò in pueris anno XVIII, in puellis anno XIV incipit. Impuberum diversæ sunt distinctiones : sunt enim illi infantes, infantiæ proximi, pubertati proximi. Infantes, qui nondum VII superarunt annum; pueri ad annum X et dimidium, puellæ ad annum IX et dimidium infantiæ proximi sunt : ab isto tempore pubertati proximi sunt : aliquando et senectutis in jure ratio habetur. Senes verò accipiuntur qui LX vel LXX jam agunt annum.

Pro capitis discrimine jure civili personæ triplex caput antiquitus habere dicebantur : libertatem, civitatem et familiam, de quibus ex ordine dicemus.

CAPUT I.

DE STATU LIBERTATIS.

Jure gentium omnes homines aut liberi sunt aut servi : liberi sunt penes quos libertas est, quæ est naturalis facultas ejus quod cuique facere libet, nisi quid vi aut jure prohibetur. Servitus autem definitur à veteribus constitutio juris gentium quâ quis alieno dominio contra naturam subjicitur. Servos ex eo appellatos veteres tradunt quod imperatores captivos vendere juberent, ac per hæc servare nec occidere; qui etiam mancipia dicta essent, quod ab hostibus manu capiuntur. Jure Codicis alia hominum species exhibebatur; hi erant coloni, homines certi prædii culturæ cum omni sua posteritate in æternum addicti, ut ab eo recedere eis non liceret : illi non erant servi, à quibus differebant nonnullis signis.

Servi autem aut nascuntur aut fiunt.

Nascuntur ex ancillis romanis, cùm jure naturali omnes liberi nascerentur. Nascuntur servi.

Connubio interveniente, liberi semper patrem sequuntur; non interveniente connubio, matris conditioni accedunt, parum ergo interest an pater liber sit an servus. In his qui jure contracto matrimonio nascuntur, conceptionis tempus spectatur : in his autem qui non legitimè concipiuntur editionis, sufficit ergo matrem esse liberam pariendo, licet ancilla conceperit : vice versâ, natus quem paruit ancilla servus esse deberet, quamvis mater fuisset libera tempore conceptionis. Hanc opinionem sequuntur Gaius (I, *Inst.* 91) et Ulpianus (*L.* 18, *de statu hominum*). Attamen placuit Marciano (*L.* 5, §. 2, *ff.*, *de statu hominum*) si libera conceperit, deinde ancilla facta pepererit, eum qui nascitur liberum nasci. Nec interest justis nuptiis concepit, an vulgò; quia non debet calamitas matris nocere ei qui in utero est. Quæsitum est si ancilla prægnans manumissa sit, deinde ancilla postea facta, aut expulsa civitate pepererit : liberum an servum pariat? Et tamen rectius probatum liberum nasci; et sufficere ei, qui in ventre est, liberam matrem, vel medio tempore fuisse. Id enim favor libertatis exposcit.

Aut fiunt. Fiunt servi aut jure gentium aut jure civili.

1.° Jure gentium, id est captivitate.

Qui in bello ex hostibus capiuntur capientium servi esse incipiunt. Hostes hi sunt qui Romæ aut quibus Roma publicè bellum decrevit : cæteri latrones aut prædones sunt. Et cùm non est bellum publicè decretum, captivi non libertatem amittunt; sed tantùm sunt in servitute.

2.° Jure civili, id est capitis maximâ diminutione.

Maxima capitis diminutio est per quam civitas et libertas amittitur.

Jure civili plurimis modis aliquis in servitutem redigi potest.

1.° Si censum subterfugerit.

2.° Si debitor obæratus à creditore venditus fuerit.

Postea aboliti fuerunt hi duo modi.

3.° Si mulier ingenua civisque romana vel latina, alieno se servo conjunxerit, si quidem invito et denuntiante domino, in eodem contubernio perseveraverit, efficitur ancilla, ex scto Claudiano, à Justiniano demum abrogato.

4.° Si liber homo major XX annis ad pretium participandum sese venundari passus sit.

Libertas est inæstimabilis res. Attamen solebant adolescentes se ipsos aliis vendendos dare pretii participandi causâ, ac deinde proclamare ad libertatem. Quare scto demum cautum est ut qui majores essent XX annis, non ignorantes se esse liberos, seque pretii participandi causâ se vendidissent, in servitute manerent, dummodo pretium receperent, et emptor fuerit bonæ fidei. Si duo liberum hominem majorem annis XX emerunt, unus sciens ejus conditionem, alter ignorans, annon, propter eum qui scit, ad libertatem ei proclamare permittitur; si propter eum, qui ignorat, servus efficietur? Sed non etiam ejus, qui scit, sed tantùm alterius.

5.° Si quis pœnæ servus factus sit. Servi enim efficiuntur qui in metallum damnantur et qui bestiis subjiciuntur. Pœnæ servi dicuntur, quia non alium dominum habent quàm ipsam quodammodo pœnam cui addicti sunt.

6.° Si manumissus ingratus circa patronum suum exstiterit, et quâdam jactantiâ vel contumaciâ cervicem adversùs eum erexerit, aut levis offensæ contraxerit culpam, à patrono rursus sub imperium ditionemque mittendus est, si in judicio vel apud pedaneos judices patroni querela exorta ingratum eum ostendat.

Nunc videamus quibus modis aliquis servus esse desinat.

Quibus modis tollitur servitus.

1.° Manumissione; olim legitimè manumittebatur tribus modis: vindictâ, censu, testamento.

Vindictâ: fiebat hæc manumissio coram consule, prætore, proconsule, adhibito lictore, qui servo percusso addebat verba: Hunc hominem liberum esse volo. Quo facto, in girum actus servus, inflictâ alapâ, liber dimittebatur.

Censu: quando servus jussu domini nomen suum in censum lustralem conferebat.

Testamento: introductum est lege XII tabularum hæc manumissio, quâ, si quis libertas daretur verbis directis: Davus, servus meus, liber esto: liberti ejusmodi vocabantur Orcini, quasi qui nullum patronum, nisi in orco haberent. Sin verbis precativis usus esset testator: Rogo hæredem meum, ut Davum manumittat, hæres retinebat jura patronatûs.

Posterius receptum est, more aliorum populorum, ut sine solemnitate domini servos suos liberos dicerent, veluti per espitolam, inter amicos, per lectisternium.

Per epistolam manumissio sine solemnitate fiebat, unde et absens hoc modo manumittebatur: postea Justinianus primus requirit quinque testium subscriptionem.

Inter amicos manumittebat dominus quando, servum, quinque convocatis testibus, liberum esse jubebat.

Per lectisternium; cùm indecorum olim videretur cum servis accumbere dominum, is per convivium manumisisse censebatur, qui servum adhibuerat mensæ.

Olim servus à domino adoptatus liber fiebat: ita Justinianus auctoritate Catonis aliorumque veterum statuerat: ut is servus, quem dominus, actis intervenientibus, filium suum appellaverat, liber esset, licèt hoc ei ad jus filii accipiendi non sufficeret.

A Constantino constitutum est ut in ecclesiis, hoc est in

cœtu christianorum, veluti in comitiis ecclesiasticis, teste populo et signatore episcopo, manumissi justam libertatem consequerentur.

2.° Sine manumissione;

Ex variis senatusconsultis, citra manumissionem liberi fiunt illi, qui in libertate sibi per fideicommissum debita quamdam moram possidunt.

Ex eorum senatusconsultorum sententia, pariter citra manumissionem ad libertatem pervenire possunt, qui suis nummis redempti similem moram passi sunt.

Si qui eâ lege alienati sunt ut manumitterentur, lege non impletâ, ex constitutione divi Marci ad libertatem sine manumissione perveniunt.

Item est de illis pro quibus dominus pecuniam accepit ut eos manumitteret.

Qui ob necem detectam domini, præmium libertatis consequitur, fit Orcinus libertus.

Servi qui monetarios adulterinam monetam clandestinis sceleribus exercentes in publicum detulerint, civitate romanâ donentur, ut eorum domini pretium à fisco percipiant.

Si quis servus raptûs virginis facinus dissimulatione preteritum, vel pactione transmissum, detulerit in publicum, aut desertorem militiæ prodiderit, libertate donetur.

Servo quem pro derelicto dominus ob gravem infirmitatem habuit, ex edicto divi Claudii competit libertas.

Priscis temporibus jus civile unicam duntaxat libertorum conditionem agnoscebat. Libertorum diversa genera

Postea autem quàm domini scelestissimos servos ob varias causas manumittere cœperant, et jus civitatis pessimis hominibus dabatur, Æliâ-Sentiâ cautum est, ut servi sceleris aut noxæ causâ publicè cæsi, vincti, torti, aut stigmate usti, ad ferrum damnati, vel bestiis objecti; impetratâ à dominis quocumque modo libertate, non melioris essent conditionis ac deditii, id est illi populi qui se suaque omnia romanis dederant.

Eâdem lege cavebatur ut servus minor trigenta annis manumissus, civis romanus non fieret, nisi apud consilium causa probata fuisset. Ideo sine consilio manumissus servus manebat, audebantque manumissores in servitutem eos per vim ducere : tunc prætor interveniebat et non permittebat manumissum servire.

Hoc temperamentum juris prætorii conversum fuit in dispositionem juris civilis lege Juliâ-Norbanâ, latâ sub Tiberio anno 772, M. Junio Silano et L. Norbano Balbo coss. Illa lex liberos declaravit omnes quos prætoris protectio in libertate conservare potuisset. Tunc inceperunt libertorum specialem classem formare, quos lex recognoscebat. Dicebantur latini quia eorum conditio erat ad instar latinorum. Dicebantur autem juniani à lege Junia-Norbana. Erant igitur illi, sicut socii latini nominis, participes quorumdam jurium cum civibus romanis; putà mancipationis : cæterùm testari non poterant; unde dicebantur vivere ut liberi, mori ut servi.

Tria inde fuere libertinorum genera, cives romani, latini-juniani, et qui deditiorum numero habebantur.

Cives romani erant liberti qui vindictâ, censu aut testamento, nullo jure impediente, manumissi fuerant. Dico, nullo jure impediente; nam ex certis causis civitatem romanam non adipiscebantur servi, quamvis his modis manumissi : verbi gratiâ qui tantùm in bonis, non etiam ex jure Quiritium servum habebat, manumittendo latinum faciebat. Servi qui minus solemni modo manumittebantur fiebant quoque latini-juniani.

Justinianus plurima in hoc jure innovavit; omnes manumittendi formas eodem jure esse, omnes manumissos cives fieri sancivit, nullo nec ætatis manumissi, nec dominii manumittentis, nec manumissionis modo discrimine habito.

CAPUT II.

DE STATU CIVITATIS.

Ingenui homines in orbe romano degentes, alii erant cives romani, alii peregrini.

Cives romani sunt qui gaudent jure civitatis. Duobus verò maximè summis capitibus constitit civitas romana, quorum alterum jus Quiritium, alterum jus civitatis propriè adpellatum est: inter quæ hoc interest, quod illud ad ea, quæ juris sunt privati pertinet; hæc ea, quæ juris publici sunt continet. Porro jura publica sunt census, suffragiorum jus, jus honorum et magistratuum, jus militiæ. Jura privata sunt jus connubii et jus commercii.

Acquiritur civitas romana,

Quibus modis jus civitatis aut acquiritur.

1.° Nativate; qui nascitur ex justo matrimonio contracto inter romanum et romanam est civis romanus. Ex latino et cive romana qui nascitur, civis romanus nascitur ex scto divi Hadriani;

2.° Manumissione, de qua suprà diximus;

3.° Benificio principali;

4.° Liberis;

5.° Iteratione;

6.° Militià;

7.° Nave;

8.° Ædificio;

9.° Pistrino;

10.° Magistratibus gestis.

Aut amittitur. Jus civitatis amittitur :

1.° Maximâ capitis diminutione ; cùm cives amittant omnia quæ habent, libertatem, civitatem, familiam, maximam capitis diminutionem pati dicuntur. Hoc autem semper accidit illis qui servi efficiuntur; nam, sublatâ libertate, tolluntur quoque reliqua duo.

2.° Mediâ capitis diminutione ; minor est capitis diminutio, cùm civitas quidem amittitur, libertas verò retinetur. Quod accidit eis quibus aquâ et igni interdictum fuerat. Tunc, his duobus tanquam vitæ humanæ præsidiis destituti, si exitium sibi paratum vitare vellent, in exilium proficisci cogebantur, inque aliam civitatem profugere, in quam, cùm essent recepti, romanam civitatem demùm amittebant. Deportatio successit in locum interdictionis aquæ et ignis ; relegati autem in insulam omnia jura sua retinent ; nec refert in perpetuum an ad tempus relegentur.

3.° Alterius civitatis juris receptione.

Duarum civitatum civis esse, nostro jure civili, nemo potest : non esse hujus civitatis civis, qui se alii civitati dicavit, potest (*Cicero pro C. Balbo, cap. XI*). Nam, cùm ex nostro jure duarum civitatum nemo esse possit, tùm amittitur hæc civitas denique, quum is qui profugit receptus est in exilium, hoc est in aliam civitatem (*pro Cæcina, XXXIV ; pro Archia, cap. V*).

Omnes qui non erant cives veteribus romanis peregrini dicebantur, sive latini essent, sive italici juris, sive in provincia, sive in præfectura aliqua morarentur. Illud, inquit Cicero de officiis, lib. 1, animadvertimus quod qui proprio nomine perduellis esset, is hostis vocaretur, lenitate verbi tristitiam rei mitigantes. Hostis enim apud majores nostros is dicebatur quem nunc peregrinum dicimus.

Indicant enim XII Tabulæ : Adversùs hostem æterna auctoritas esto. Unde ad hanc legem videtur scriptum, quod ex Gaii, lib. 2, ad leg. XII Tab. legitur in l. 234, ff. de verb. signif. circa hujus vocis *hostis* interpretationem : « Quos nos hostes appellamus, eos veteres perduelles appellabant ; per eam adjectionem indicantes cum quibus bellum esset. »

Jure Quiritium et civitatis carebant peregrini, et illis togam et prænomina habere non licebat.

De peregrinis.

Peregrinus fit :

1.° Nativitate ; qui nascitur ex duobus peregrinis est peregrinus. Si civis romana peregrino, cui connubium sit concessum, nupserit, qui ex ea conjunctione nascitur, peregrinus et justus patris filius est. Si cui mulieri civi romanæ prægnanti aquâ et igni interdictum fuerit, eoque modo peregrina fiat et tunc pariat, complures distinguunt et putant : si quidem ex justis nuptiis conceperit, civem romanum ex ea nasci ; si verò vulgò conceperit, peregrinum ex ea nasci.

2.° Manumissione ; jam diximus servos quosdam pœnæ damnatos, si manumissi fuerint, sequi conditionem peregrinorum dedititiorum. Vidimus quoque servum manumissum, quando in sua persona tria hæc concurrunt, id est ut major sit annorum triginta, et ex jure Quiritium dominii, et justâ ac legitimâ manumissione liberetur, civem fieri romanum ; fieri autem latinum, si aliquid eorum deerit.

3.° Mediâ capitis diminutione.

4.° Juris alienæ civitatis receptione.

Videamus nunc quibus modis quis peregrinus esse desinat. Desinit :

1.° Libertatem amittendo, id est servus fiendo ;

2.° Obtinendo jus civitatis.

Peregrini subdividebantur in latinos, italicos et provinciales :

1.° Latini seu socii latini nominis erant antiquissimis temporibus Latii incolæ, fœderati populi romani. Hoc jus Latii postea multis civitatibus et coloniis extra Latium, imo etiam extra Italiam concessum est. Jus Latii in eo consistebat ut quorumdam jurium cùm civibus romanis communionem haberent. Non gaudebant jure Quiritium nec jure connubii cum civibus. Illis contenti fuerunt usque ad bellum sociale, quo confecto lege Juliâ et lege Plotiâ omnes socii ac latini nominis, imo et itali civitate romanâ donati sunt. Novum latinorum genus, ut suprà observavimus, receptum est sub Tiberio, latâ lege Juniâ-Norbanâ, quâ cautum est ut modis minus solemnibus manumissi non jura civitatis romanæ sed Latii tantùm consequerentur.

2.° Italia romanis dicebatur quidquid præter Latium inter utrumque mare ad Rubiconem usque fluvium procurrit. Italici habebant suas leges suosque magistratus : nulli tributo erant subjecti, et dominii Quiritarii capaces erant. Privilegia eàdem lege Pappiâ-Popæâ concessa fuerunt illis qui Romæ tres habebant liberos, et quatuor in Italiâ, dùm ille tantùm his privilegiis in provinciis uteretur, qui quinque liberos habebat. Non gaudebant italici jure suffragii, ad quod demum aspiraverunt, cùm, lege Juliâ primùm et deinde Plotiâ, civitate romanâ essent donati. Non ideo statim expiravit jus italicum, sed ad multas alias civitates provinciales porrectum est.

3.° Provinciales dicebantur incolæ earum regionum quas vel armis vel alio modo redactas in potestatem magistratibus suis administrandas subjiciebant romani. Provinciæ appellabantur quod populus romanus eas provicit, d est antevicit. Non utebantur suis legibus, sed iis quibus romani illas uti jubebant. Romani cùm bello aliquem populum vicissent, duabus maximè rationibus cum eo agebant. Aut enim victoriæ præmium annuum, ei stipendium vel tributum imperabant, unde census capitis : aut victos exuebant agris, eosque vel in publicum reipublicæ patrimonium redigebant, vel colonos ex urbe eos deducebant, vel eos victis reddebant et ex eorum proventu aliquam partem reipublicæ tribui jubebant, qui census soli dicebatur : prioris generis populi tributarii vel stipendarii vocabantur ; posteriores vectigales, quam-[illegible] non tam anxie semper discrimen inter tributum et vectigal fuerit ab auctoribus observatum.

Prætera dicernebantur coloniæ, muncipes, civitates liberæ aut fœderatæ, et præfecturæ.

Coloniæ vocabantur oppida in quæ populus romanus cives suos ad incolendum deduxerat : colonia dicta est à colendo. « Non veniunt coloniæ, dicit Aulus-Gellius, ex-
» trinsecus in civitatem, nec suis radicibus nituntur ; sed
» ex civitate quasi propagatæ sunt, et jura institutaque
» omnia populi romani, non sui arbitrii habent..... prop-
» ter amplitudinem majestatemque populi romani, cujus
» istæ coloniæ quasi effigies parvæ, simulacraque esse
» quædam videntur ». Non retinebant Romæ jus suffragii jusque honorum. Erat autem colonia pars aut civium romanorum aut latinorum aut italorum aut provincialium.

Sic resumit conditionem municipum Aulus-Gellius :
« Municipes ergo sunt cives romani ex municipiis, legibus
» suis ex suo jure utentes, muneris tantùm cum populo
» romano honorarii participes, à quo munere capessendo
» appellari videntur, nullis aliis necessitatibus, neque ullâ

» populi romani lege adstricti, nisi, inquam, populus eo-
» rum fundus factus est. « Omnibus, dicit Cicero, muni-
» cipibus duas esse censeo patrias : unam naturæ, alte-
» ram civitatis : ut ille Cato, cùm esset Tusculi natus, in
» populi romani civitatem susceptus est. Itaque, cùm ortu
» tusculanus esset, civitate romanus, habuit alteram loci
» patriam, alteram juris, etc. » Illud observandum in municipiis plerisque eam fuisse institutam reipublicæ formam quæ imaginem quamdam speciemque reipublicæ romanæ referret. Quemadmodum Romæ senatus, ita in municipiis decurionum erat collegium; et quemadmodum erant bini consules, ita in municipiis duumviri, qui summo loco civitatibus præerant et ad consulum exemplum pro fascibus bacillis utebantur. Municipes plures habuerant mutatus de quibus non est hic locus disserendi.

Præter urbes municipes, notandæ sunt : 1.° civitates liberæ, qui ex suis legibus se gubernabant, plures tributo subjectæ, aliæ non subjectæ; sed hæc libertas erat precaria et Romæ libidine tolli poterat ; 2.° civitates fœderatæ, cujus conditio erat melior. Libertas earum erat integra, nullumque illis imponi poterat tributum.

Eæ civitates in præfecturæ formam redigebantur, quæ iniquæ ingratæque erga populum romanum fuerant, fidemque semel atque iterum fefellerant. Parùm verò à provinciarum forma differebat forma præfecturarum. Quemadmodum enim in illam quotannis præsides, ita in præfecturas præfecti mittebantur, qui tamen eatenus à præsidibus differebant quod illi à populo vel à senatu, liberà adhuc republicà, diligerentur : hi partim à populo, partim à prætore. Præfecturæ neque jure civitatis neque Latii, neque Italiæ gaudebant : sed privatum corum jus omne ab edictis præfectorum; publicum autem universum erat à senatu petitum, nempe census, tributorum, vectigalium et militiæ; quibus gravissimis præfecturæ oppressæ sunt muneribus.

CAPUT III.

DE STATU FAMILIÆ.

Sequitur de jure personarum alia divisio : nam quædam alieno juri sunt subjectæ; sed rursus earum personarum quæ alieno juri subjectæ sunt, aliæ in potestate, aliæ in manu, aliæ in mancipio sunt.

Familiæ adpellatio refertur et ad corporis cujusdam significationem, quod aut jure proprio ipsorum aut communi universæ cognationis continetur. Jure proprio dicunt familiam plures personas, quæ sunt sub unius potestate aut naturâ aut jure subjectæ, ut putà patremfamilias, matremfamilias, filiumfamilias, filiamfamilias, quique deinceps vicem eorum sequuntur, ut putà nepotes et neptes deinceps. Communi jure familiam dicunt omnium adgnatorum; nam etsi patrefamilias mortuo singuli singulas familias habent, tamen omnes qui sub unius potestate fuerunt, rectè ejusdem familiæ appellabuntur, qui ex eadem domo et gente proditi sunt.

Civium romanorum quidam sunt patresfamiliarum, alii filiifamiliarum : quædam matresfamiliarum, quædam filiæfamiliarum.

Paterfamilias appellatur qui in domo dominium habet, rectèque hoc nomine appellatur, quamvis filium non habeat, non enim solà persona ejus, sed et jus demonstratur. De patribus familias.

Vetustissimâ ætate patresfamilias eamdem in liberos, in familia sua constitutos, habuerunt potestatem quàm in servos : plenissimum jus in eorum personam, scilicet jus vitæ et necis, natos exponendi, vendendi, noxæ dandi, eosque tanquam rem suam vindicandi facultatem. Omnia, quæ liberi acquirere poterant bona, illico patris erant, cumque nonnisi una persona esse fingebantur : hæc patriæ potestatis durities ac asperitas postea moribus primùm, dein legibus imperatorumque constitutionibus mitigata et arbritata est, idque tam in personis liberorum quàm in eorum bonis.

Civis romanus fit paterfamilias :

1.° Nativate; lex naturæ est qui nascitur sine legitimo matrimonio, matrem sequatur, nisi lex specialis aliud inducit. Itaque ii qui non ex justo matrimonio nascuntur sunt sui juris : idem dicendum est de posthumis qui, si vivo parente nati essent, in potestate ejus futuri forent.

2.° Morte patrisfamilias; hi qui in potestate parentis sunt, mortuo eo, fiunt sui juris. Sed hoc distinctionem recipit : nam, mortuo patre, sanè omnimodo filii filiæve sui juris efficiuntur; mortuo verò avo non omnimodo nepotes neptesque sui juris fiunt, sed ita si post mortem avi in patris sui potestatem recasuri non sunt. Itaque si moriente avo pater eorum vivat et in potestate patris sui fuerit, tunc post obitum avi in potestate patris sui fiunt : si verò is, quo tempore avus moritur, aut etiam mortuus est, aut exiit de potestate patris, tunc ii, quia in potestatem ejus cadere non possunt, sui juris fiunt.

3.° Variis modis quibus jus civitatis amittit paterfamilias; non enim ratio patitur ut peregrinæ homo conditionis civem romanum in potestate habeat.

4.° Emancipatione; emancipatione ergo desinunt liberi

in potestate parentum esse. Ea vera emancipatio vel vetus est vel Anastasiana, vel Justinianea. Vetus est imaginaria venditio liberorum quæ fiebat olim per æs et libram, certis solemnibus verbis, et libripende et quinque testibus romanis præsentibus : vendebat ergo pater filium, sed tertiæ mancipationi plerumque addebat contractum fiduciæ ut filium emptor remanciparet, quo ipse potius manumitteret, quàm emptor. Filius ter mancipatus sui juris fiebat. Cæteri verò liberi sive masculini sexûs, sive feminei, unâ mancipatione exibant de parentum potestate : lex enim XII Tabularum in persona filii de tribus mancipationibus loquebatur his verbis : Si pater filium ter venumduit, filius à patre liber esto.

Deinde Anastasius emancipationem ex rescripto principis coram magistratu fieri posse permisit : Justinianus tandem nequidem rescripto opus esse decrevit : sufficit ergo parentes ante magistratum competentem rectâ vice comparere, et filios suos vel filias, vel nepotes, vel neptes, ac deinceps à sua manu dimittere.

5.° Quibusdam dignitatibus. Olim nullæ dignitates à patria potestate liberabant. Attamen exibant liberi virilis sexûs de patris potestate, si flamines diales inaugurarentur, et feminei sexûs, si virgines vestales caperentur. Itaque filiusfamilias, si militaverit, vel si senator, vel consul factus fuerit, manebat in patris potestate; sed ex constitutione Justiniani summa patriciatûs dignitas, illico imperialibus codicillis præstitis, à patria potestate liberat. Patricius enim pater quidam principis erat et dicebatur : filiusque ideo liberabatur à potestate paterna, quia videbatur absurdum eum esse in potestate privata, qui publicâ potestate rempublicam administraret. Sed postea jure novissimo obtinuit, ut cæteræ quoque dignitates quæ à coactione curiali liberabant, ex patria quoque potestate liberarent.

Nunc mihi disserendum esset quibus modis amittatur patrisfamilias qualitas. Sed de his explicandis, videndum est suprà quibus modis amittatur jus civitatis et infra quibus modis paterfamilias fiat filiusfamilias; et quibus modis quis cadere possit in manum vel in mancipium.

De filiis familias. Videamus in præsenti de filiisfamilias. Fiunt familias filii :

1.° Nativitate; potestatem acquirit pater in liberos qui ex legitimo matrimonio procreati sunt, et qui idcirco justi vel legitimi appellati sunt. Sunt autem legitimi liberi, qui post contractas justas nuptias sunt editi et à marito geniti. Non solùm liberi, sed ii quoque, qui ex filio alicujus potestati subjecto et legitimo ejus ex matrimonio nascuntur, sub patris ejus seu avi paterni sunt potestate; qui verò ex filia tua procreatur, non est in tua potestate, sed in patris ejus vel avi paterni.

2.° Adrogatione; adrogatio est actus quo homo sui juris auctoritate summi imperantis, in patriam alterius potestatem redigitur. Jure à moribus prodito, nemo qui sui juris erat in alienam potestatem transire poterat, nisi populus auctor fieret. Hæc formula erat : Velitis, jubeatis, Quærites, ut L. Valerius, L. Titio tam jure legeque filius fiat, quàm si ex eo patre matrequefamilias ejus natus esset, utique ei vitæ necisque in eo potestas fiat : hæc ita, uti dixi, ita vos, Quirites, rogo. Quæ species adoptionis dicitur adrogatio, quia et is qui adoptat rogatur an velit eum quem adoptaturus sit justum sibi filium esse, et is qui adoptatur, rogatur an id fieri patiatur, et populus rogatur an id fieri possit.

3.° Causæ probatione; si latinus, ex lege Ælia-Sentia

uxore ductâ, filium procreaverit, aut latinum ex latina, aut civem romanum ex cive romana, non habebit eum in potestate; sed si latinus, cùm filius ejus habebit annum, causâ erroris probatâ, eum in potestate sua habere incipit. Item si civis romanus latinam aut peregrinam uxorem duxerit per ignorantiam, cùm eam civem romanam esse crederet, et filium procreaverit, hic non est in potestate; sed ex scto permittitur causam erroris probare, et tunc incipit filius in potestatem patris esse. Item quoque si civis romana per errorem nupta sit peregrino, tanquam civi romano, permittitur ei causam erroris probare, et tunc filius incipit in potestatem patris esse.

4.° Legitimatione; vocatur legitimatio actus quo liberi naturales in patriam potestatem rediguntur et legitimi efficiuntur: fit ea quatuor modis qui singuli ab imperatoribus introducti sunt, scilicet per curiæ oblationem, per subsequens matrimonium parentum, per rescriptum principis et per testamentem.

Per curiæ dationem legitimabantur qui à patre in album curialium relati, quævè in matrimonium collocatæ fuerant curialibus, idque hâc ratione receptum ut essent qui odiosissimum illis temporibus decurionum munus susciperent.

Secundus legitimationis modus est, cùm pater concubinam, ex qua liberos naturales habet et cujus matrimonium minimè legibus interdictum fuerat, uxorem ducit. Composita dotalia instrumenta ad hoc necessaria sunt. Hæc legitimatio primùm à Constantino admissâ, per Anastasium, Justinum et Justinianum denique firmata est.

Tertium genus legitimationis postea accessit, nempe quæ fit per rescriptum principis. Per rescriptum principis legitimantur liberi naturales ad supplicationem patris;

qui legitimam prolem non habet, et concubinam uxorem vel non potest ducere, quia mortua sit, aut se subducat, vel non honestè potest, ob vitæ scilicet turpitudinem.

Quòd si mortuus esset pater, antequam rescriptum principis petere potuisset, in testamento verò naturales liberos hæredes nominaverit, affectione sese eos legitimos facere voluisse demonstratâ, hi rescriptum principis legitimationis causâ ipsi impetrare possunt, ex Justiniani novellis.

5.º Rescisione emancipationis; filii et filiæ cæterique liberi contumaces, qui parentes vel acerbitate convicii, vel cujuscumque atrocis injuriæ dolore pulsassent, emancipatione rescissâ, damno libertatis immeritæ mulctati sunt.

6.º Si quis cadat in manum filiifamiliæ: nurus quæ in filii manu est patri neptis loco est.

Desinit aliquis esse filiusfamiliæ:

1.º Si amittit jus civitatis;

2.º Si fit paterfamilias;

3.º Si cadit vel in manu vel in mancipio.

De manu. Nunc de his personis videamus quæ in manu sunt. In potestate quidem masculi et feminæ esse solebant: in manum autem feminæ tantùm conveniebant. Olim tribus modis in manum conveniebant: usu, farreo, coemptione.

1.º Usu in manum conveniebat, quæ anno continuo nupta perseverabat; nam velut annuâ possessione usucapiebatur, in familiam viri transibat, filiæque locum obtinebat: itaque lege XII Tabularum cautum erat, si qua nollet eo modo in manum mariti convenire, ut quotannis trinoctio abesset, atque ita usum cujusque anni interrumperet; sed hoc totùm jus partìm legibus sublatum fuit, partim ipsâ desuetidine oblitteratum fuit.

2.° Conferreatione in manum conveniebant per quoddam genus sacrificii, in quo ovis mactabatur et panis farreus (quod est antiquissimum genus frumenti), adhibebatur, et complura præterea cum certis ac solemnibus verbis, præsentibus decem testibus, agebantur et fiebant. Sic se in coemendo invicem interrogabant : Vir ita, an sibi mulier materfamilias esse vellet? Illa respondebat velle. Constat etiam aquam et ignem adhibitos fuisse quasi duo præcipua elementa, et novos nuptos capite velato jugatis sedibus ovina pelle tectis considere. Necessitatis erat illa conferreatio inter flaminem et flaminiam, qui nec divertere poterant. Liberi autem ex conferreatis nuptiis nati dicebantur patrini et matrini.

3.° Coemptione in manum conveniebant per mancipationem, id est per quamdam imaginariam venditionem, adhibitis non minus quàm quinque testibus, civibus romanis puberibus, item libripende, præter mulierem eumque cujus in manum conveniebat.

Poterat autem coemptionem facere mulier non solùm cum marito suo, sed etiam cum extraneo : itaque aut matrimonii causâ facta coemptio dicebatur, aut fiduciæ causâ. Olim etiam testamenti faciendi gratiâ fiduciaria fiebat coemptio : tunc enim non aliter feminæ testamenti faciendi jus habebant, exceptis quibusdam personis, quàm si coemptionem fecissent remancipatæque et manumissæ fuissent; sed hanc necessitatem coemptionis faciendæ ex auctoritate divi Hadriani senatus remisit. Quæ in manu mariti erat materfamilias appellabatur; quoniam non in matrimonium tantùm, sed in familiam quoque mariti et in sui hæredis locum veniret.

Videamus nunc quibus modis mulier in manu esse desinat.

§ I. Si mulier esset in manu mariti :

1.° Omnibus causis qui matrimonium dirimebant : Porro dirimitur matrimonium divortio, morte, captivitate, vel aliâ contingente servitute alterutrius eorum. Et in hoc differt captivitas à deportatione; nàm matrimonium deportatione, vel aquæ et ignis interdictione non solvitur; si casus in quem maritus incidit, non mutet uxoris affectionem. Sed captivi uxor, tametsi maximè velit, et in domo ejus sit, non tamen in matrimonio est. At verò nudo consensu non dirimitur matrimonium. Hinc Theodosius et Valentinianus : « Consensu licita matrimonia posse con» trahi, contracta nonnisi misso repudio dissolvi præ» cipimus. Solutionem etenim matrimonii difficiliorem » debere esse favor imperat liberorum. »

2.° Mancipatione vel remancipatione ; remancipatam Gallus Ælius esse ait quæ emancipata sit ab eo cui in manum convenerat.

§ II. Si mulier in manu extranei esset :

1.° Mancipatione ;

2.° Omni eventu qui auferebat jus civitatis ei qui manu gaudebat.

De mancipio. Superest ut exponamus quæ personæ in mancipio sint.

In mancipio sunt liberi à parente, item mulier quæ in manum convenit ab eo cujus juri subjecta est, per mancipationem alienati, eodem modo quo serviles personæ et res quæ cujusque in dominio sunt alienantur : effectus est ut alienatus servi loco sit. Poterant quoque filiifamilias masculi et femini, ex noxali causa mancipio dari ; sed hoc jus mutatum fuit. Quis enim patiatur filium suum et maximè filiam in noxam alii dare, ut pene per corpus pater magis quàm filius periclitetur, cùm in filiabus etiam pudicitiæ favor hoc benè excludit ? et ideo placuit in servos tantummodo noxales actiones esse proponendas, cùm apud veteres legum commentatores inventum est sæpius dictum, ipsos filiosfamilias pro suis delictis posse conveniri.

Ii, qui in causa mancipii erant, quia servorum loco habebantur, vindictâ, censu, testamento manumissi sui juris fiebant. Quin etiam invito quoque eo cujus in mancipio erant, censu libertatem consequi poterant. Excepto eo, quem pater eâ lege mancipio dederat, ut sibi remanciparetur : nam quodammodo tunc pater potestatem propriam reservare sibi videbatur eo ipso, quòd mancipio recipiebat. Ac ne is quidem dicebatur invito eo, cujus in mancipio erat, censum, libertatem consequi, quem pater ex noxali causa mancipio dederat; velut qui furti ejus nomine damnatus fuerat et cum mancipio actori dederat; nam hunc actor pro pecunia habebat.

DES ÉTRANGERS.

Les hommes, d'après les vues du Créateur, ne devaient former qu'une seule famille unie par les liens d'une charité fraternelle; mais le premier homme ayant perdu son innocence transmit à toute sa race un esprit d'égoïsme et d'orgueil. En vain le genre humain livré à la corruption fut-il englouti dans les eaux du déluge : l'orgueil survécut avec la famille destinée à repeupler le monde. Dieu fit de nouveau éclater sa puissance en créant la diversité des langues et en dispersant les hommes sur la surface de la terre. Après quelques générations, les différentes peuplades oublièrent leur commune origine : livrées au culte des passions, elles conçurent les unes contre les autres des sentiments hostiles; l'homme s'arma contre son semblable. Cependant les traditions bibliques et homériques nous apprennent que, dans quelques nations où les principes de la loi naturelle n'étaient point éteints, on accordait avec joie l'hospitalité aux voyageurs, et on leur prodiguait les soins les plus touchants et les plus empressés.

Dieu, qui voulait ramener le monde à l'unité, suscita un peuple doué de l'esprit de conquête, qui, faible à son origine, parvint cependant à soumettre le monde entier à son empire. « Le commerce de tant de peuples divers, dit » Bossuet, autrefois étrangers les uns aux autres, et depuis

» réunis sous la domination romaine, a été un des plus » puissants moyens dont la Providence se soit servi pour » donner cours à l'Evangile. »

Le christianisme est venu perfectionner l'œuvre d'unité commencée par l'empire romain, en donnant pour lien à cette unité non plus la force, mais la foi et la charité; en prêchant que tous les hommes rachetés par le même Dieu, appelés à la même destinée, doivent se traiter en frères. Ces grandes vérités luttent depuis dix-huit siècles contre les passions humaines : la civilisation chrétienne a déjà détruit bien des préjugés barbares; elle tend de jour en jour à effacer ceux qui survivent encore : les peuples rapprochés par des communications plus fréquentes voient leurs haines disparaître et faire place à des sentiments de fraternité. Jusqu'où doit s'étendre le progrès? Tous les peuples ne formeront-ils un jour qu'un seul peuple, comme toutes les nations qui occupaient le territoire de la France ne forment plus qu'une seule nation? Nous ne savons; mais nous devons constater que l'humanité jusqu'ici s'est trouvée partagée en plusieurs peuples, c'est-à-dire en sociétés distinctes les unes des autres par le territoire qu'elles occupent, les lois qui les régissent, la langue qu'elles parlent; que chacune de ces sociétés a, dans l'intérêt de son existence, le droit de soumettre les individus qui lui sont étrangers et qui viennent dans son sein à certaines conditions, de leur refuser certains avantages qui dérivent du droit positif.

Avant de rechercher comment le problème de l'extranéité a été résolu par les états modernes, nous interrogerons l'histoire, et nous verrons plus en détail quel a été le sort des étrangers chez les peuples de l'antiquité, en Judée d'abord, le berceau du christianisme, puis à Athènes et à Rome, les deux principales cités païennes ; nous exposerons ensuite les règles établies sur les aubains dans notre ancienne jurisprudence ; nous parcourrons enfin les divers systèmes successivement adoptés par l'Assemblée constituante, par le Code civil et par la loi du 14 juillet 1819.

Condition des étrangers chez les Juifs.

Le législateur juif avait à redouter que des relations trop fréquentes avec les nations voisines ne fissent abandonner au peuple hébreu sa religion et son culte ; c'est pourquoi tout commerce avec les étrangers lui est sévèrement interdit. Il lui est recommandé, dans plusieurs endroits de la Bible, de ne pas oublier les commandements du Seigneur et de ne pas adopter les mœurs et les usages des autres pays. « Vous n'agirez point, dit le Seigneur, selon la coutume » du pays d'Egypte, où vous avez habité, ni selon les » mœurs du pays de Chanaan, dans lequel je vous intro- » duirai, et vous ne suivrez point leurs lois. Vous garderez » mes jugements et observerez mes préceptes, et marche- » rez selon eux. Je suis le Seigneur votre Dieu. » (*Lév. ch. XVIII. v.* 3. 4. — Id. *ch. XX. v.* 22. 23).

C'est toujours dans le même but que le mariage d'un Israélite avec une femme qui ne l'était pas, est défendu par les premières lois des Hébreux. « Vous ne vous unirez » point à eux par des mariages, dit le Seigneur ; vous ne » donnerez point vos filles à leurs fils, et vous n'accepte- » rez point leurs filles pour vos fils, parce qu'elles per- » suaderont à vos fils de ne pas me suivre et de servir des » dieux étrangers ; et la fureur du Dieu s'allumera et vous » exterminera. » (*Deut. chap. VII. v.* 3. 4. — *Gen. chap. XXXIV v.* 14. 15. 16. 17. — *Ex. ch. XXXIV. v.* 16).

Cependant les Israélites étaient remplis de bienfaisance et de générosité envers les étrangers qui venaient en Judée. Le législateur a soin de leur rappeler qu'eux aussi ils ont

été exilés loin de leur patrie, malheureux et souffrants sur une terre étrangère. « Vous ne serez point durs pour l'é-
» tranger; car vous connaissez tous la vie des étrangers,
» et vous-mêmes avez été étrangers en la terre d'Egypte. »
(*Ex. ch. XXIII. v. 9*). Le législateur veut au contraire qu'on les aide, qu'on les secoure : « Lorsque vous aurez
» coupé vos moissons dans votre champ, et que vous y aurez
» oublié une gerbe, vous ne retournerez point pour l'em-
» porter; mais vous la laisserez à l'étranger, à l'orphelin
» et à la veuve. — Quand vous aurez recueilli les fruits
» des oliviers, vous ne reviendrez point pour recueillir
» ce qui sera resté sur les arbres; mais vous le laisserez
» pour l'étranger, pour l'orphelin et pour la veuve. —
» Quand vous aurez vendangé votre vigne, vous ne cueil-
» lerez pas le raisin qui y sera resté; mais vous le laisse-
» rez pour l'étranger, la veuve et l'orphelin. » (*Deut. ch. XXIV. v. 20, 21*).

Il y avait même une loi qui établissait tous les trois ans une dîme au profit de l'étranger.

Nous l'avons déjà dit, la loi des Hébreux leur défendait toutes relations avec les nations voisines; cependant nous voyons des étrangers qui viennent habiter en Judée. David en avait plusieurs dans ses troupes, et Salomon en employa un grand nombre à la construction du temple.

Manière d'y acquérir les droits de cité.

Une habitation commune ne suffisait pas pour donner le droit de cité. Néanmoins, parmi les étrangers, quelques-uns acquirent le titre de citoyen à la troisième génération : les Iduméens et les Egyptiens étaient de ce nombre (*Deut. ch. XXIII. v. 7. 8*); tandis que les Moabites, les Ammonites en furent exclus à jamais, même après la dixième génération. (*Deut. ch. XXIII. v. 3, 4*). On recevait ce titre de citoyen du peuple ou du chef du peuple par un décret public, et dès lors on devenait capable d'exercer les fonctions de la magistrature et de participer à l'administration de l'état.

Des prosélytes.

Il y avait une classe d'habitants qui tenait le milieu entre les étrangers et les indigènes : c'étaient les prosélytes. Ce nom avait été donné à ceux qui adoptaient la loi mosaïque et à ceux qui, sans l'adopter, fixaient leur habitation dans la Palestine : ces derniers s'obligeaient seulement à garder certains préceptes. Ces étrangers se nommaient prosélytes d'habitation et les autres prosélytes de justice. Trois juges assistaient à l'initiation du gentil dans le judaïsme. Cette initiation ne faisait pas participer le prosélyte à tous les droits des nationaux : ainsi il ne pouvait parvenir aux charges civiles et militaires. Les enfants d'un prosélyte succédaient à ses biens, pourvu qu'ils fussent nés depuis l'initiation de l'étranger, ou que, s'ils étaient nés antérieurement, ils eussent reçu la circoncision et une purification universelle. Si le prosélyte mourait sans enfants nés depuis qu'il avait adopté les principes de la loi de Moïse, ses biens n'appartenaient pas au fisc, mais au premier occupant : ainsi les enfants d'un étranger n'héritaient de lui que s'il était déjà prosélyte à leur naissance.

Hospitalité des peuples de l'Orient.

Cette hospitalité que nous avons vue en honneur chez la nation juive était exercée par presque tous les peuples de l'Orient, dans ces temps qu'on appelle héroïques. A la voix d'un étranger toutes les portes s'ouvraient : on s'empressait d'aller à sa rencontre ; on le faisait asseoir au foyer domestique ; on lui prodiguait toutes sortes de soins, quoiqu'on ignorât le nom de sa patrie et le but de son voyage. Homère nous parle souvent des soins hospitaliers rendus aux étrangers. Ainsi, racontant, dans son Iliade, un de ces combats qui se livraient si souvent entre les Grecs et les Troyens, et nommant les guerriers qui y trouvent la mort : « Diomède, dit-il, immole le fils de Teuthranis. » Axile, qui habitait les beaux murs d'Arisbe, possédait » de grandes richesses ; ami des hommes, sa maison, si» tuée sur une route fréquentée, était consacrée à l'hos» pitalité. » (*Lib. VI. v.* 15). Nous trouvons dans l'Odyssée ce gracieux récit : « ... Ils approchent de la nombreuse » assemblée des Pyliens... A l'aspect des deux étrangers, » on accourt vers eux en foule ; on les salue et on les in» vite à se placer. Le fils de Nestor se précipite avec le » plus d'ardeur à leur rencontre ; il prend la main de l'un » et de l'autre, les conduit au lieu du festin, et les fait » asseoir entre son père Nestor et son frère Thasymède, » sur de molles et douces peaux étendues le long des sa» bles du rivage. Il leur offre une part des entrailles des » victimes, verse le vin dans une coupe d'or, et la présente » avec respect et affection à la fille du dieu qui lance le » tonnerre. » (*Liv. III. v.* 34). Hérodote nous représente un des ancêtres de Miltiade assis devant sa porte, à Athènes, invitant les étrangers qui passaient à venir goûter chez lui quelque repos, même à prendre sa maison pour demeure, et leur faisant les présents qu'on a coutume de faire à des hôtes. Si un étranger était égaré, on devait lui montrer sa route ; et si quelqu'un lui refusait ce service, on le vouait à des exécrations publiques, ainsi que nous l'apprend Cicéron, *de officiis, lib. III, cap.* 13 : « *Ille verò,* » *inquit Antipater, quid est enim aliud erranti viam non* » *monstrare, quod Athenis execrationibus publicis sancitum* » *est...* »

Étrangers vus d'un œil peu favorable par les premiers législateurs de la Grèce.

Les premiers législateurs de la Grèce crurent qu'il importait aux états, à la tête desquels ils se trouvaient placés, de ne pas admettre d'étrangers dans leur sein. Lycurgue, craignant que la corruption ne se glissât trop facilement parmi les Lacédémoniens, chassa de Sparte les étrangers, même ceux qui y avaient été attirés par leurs affaires et leur négoce. Solon n'agit pas de son côté avec une moins grande sévérité à leur égard. Une de ses lois sévissait très rigoureusement contre ceux qui épousaient un étranger, et plus rigoureusement encore contre l'étranger qui épousait un citoyen : on le dépouillait de ses biens, et il était réduit lui-même en esclavage. Ceux qui étaient accusés de pérégrinité étaient, avant tout jugement, jetés dans les fers : ils ne pouvaient éviter cette mesure, alors même qu'ils auraient donné des fidéjusseurs. S'ils étaient condamnés comme pérégrins, ils étaient vendus. Une autre loi de Solon défendait à un étranger de figurer sur un théâtre : si le directeur violait cette prohibition, il était condamné à une amende de mille drachmes. Un étranger qui se mêlait dans l'assemblée du peuple, était puni de mort.

Manière d'acquérir les droits de cité à Athènes.

L'ancienne législation avait adopté comme citoyens tous ceux qui venaient habiter l'Attique. Lorsqu'elle fut suffisamment peuplée, on n'accorda le titre de citoyen qu'à ceux qui avaient été bannis à perpétuité de leur pays et qui venaient s'établir à Athènes pour y exercer quelque métier. Après Solon, le droit de cité fut donné seulement à ceux qui avaient rendu un service signalé à l'état. Le philosophe Pyrrhon l'obtint même pour avoir tué un tyran de la Thrace : toutefois un tyran de Syracuse l'avait obtenu aussi presque un siècle auparavant. Ce titre de citoyen fut très recherché, tant que ceux qui l'obtinrent furent dignes de cette faveur, et que les Athéniens suivirent à la rigueur les lois faites pour empêcher qu'on ne le prodiguât ; car il ne suffisait pas d'être adopté par un décret du peuple :

la concession qu'il en faisait devait être précédée d'une demande formée par mille citoyens et approuvée au scrutin dans une assemblée de six mille au moins : cette élection pouvait être attaquée par le moindre des Athéniens devant un tribunal qui avait le droit de réformer le jugement du peuple même. Plus tard ces précautions furent négligées, et on accorda le titre de citoyen à des étrangers qui ne méritaient pas cette faveur : aussi Démosthène se plaignait-il de la trop grande facilité qu'on avait mise à donner ce titre : « Nos pères, dit-il, regardaient le titre » de citoyen comme glorieux, vénérable, plus grand que » tous les services ; et nous le vendons à des hommes per- » dus, à des esclaves, à des fils d'esclaves. »

Il n'y avait aucune différence entre l'indigène et l'étranger qui avait obtenu le titre de citoyen ; cependant il ne pouvait pas aspirer à l'archontat et à quelques sacerdoces.

Métèques.

Les étrangers qui n'obtenaient pas le droit de cité ou qui n'y aspiraient pas, formaient la deuxième classe des habitans, les métèques. Ils ne pouvaient obtenir la permission de demeurer à Athènes que par une décision de l'aréopage : ils habitaient presque tous la ville et les ports, parce qu'ils composaient en grande partie la classe industrieuse ; ils rendaient de grands services à l'état, puisqu'ils s'adonnaient particulièrement au commerce, et qu'ils étaient obligés de servir sur les vaisseaux de guerre : quelquefois on les faisait combattre comme fantassins ; mais jamais on ne les admettait dans la cavalerie. Ils ne pouvaient trafiquer dans la place publique, sans doute parce qu'elle était destinée aux assemblées du peuple dont ils étaient exclus : néanmoins s'ils payaient une redevance, cette faculté leur était accordée. C'est pourquoi Demosthène dit d'une marchande de rubans, que si on veut prouver qu'elle n'est pas citoyenne, il faut examiner si elle a payé la taxe d'étranger dans les recettes du marché. Les métèques ne pouvaient posséder des fonds de terre : une conséquence de ce principe, était que les citoyens seuls pouvaient prêter de l'argent avec sûreté sur des propriétés foncières : car les métèques ne pouvaient trouver une hypothèque sur des biens dont il ne leur était pas possible de prendre possession. Plus tard on les releva de cette incapacité : c'est pourquoi, lorsqu'un étranger recevait la qualité de citoyen, ce droit de posséder des fonds, lui était ordinairement conféré d'une manière expresse dans l'acte dressé à cette occasion. Les métèques étaient placés, par la loi, sous le patronage nécessaire d'un citoyen qui répondait d'eux et qui devait garantir son client de toute injustice. S'ils avaient une action à intenter, on ne le faisait pas en leur nom, mais au nom du protecteur qu'ils s'étaient donné. Ils avaient, comme les tribus, un repas public ; ils avaient aussi leur Jupiter et des usages religieux qui leur étaient propres ; d'un autre côté, ils étaient soumis à beaucoup de servitudes humiliantes, et payaient une capitation considérable. Cependant ils pouvaient en être affranchis par un décret du peuple ; ils devenaient alors isotèles : ces isotèles se raprochaient beaucoup des citoyens, et tenaient le milieu entre les métèques et les indigènes. Ils payaient le même impôt que les athéniens, sans être soumis aux taxes des autres étrangers. Ils n'avaient pas besoin d'avoir un patron, et pouvaient posséder des fonds de terre ; cependant ils ne pouvaient obtenir une charge publique, et siéger dans un tribunal, et n'étaient pas inscrits comme les citoyens dans une tribu ou dans un bourg.

Isotèles.

Un reproche qu'on peut faire à tous les états de la

Grèce, c'est d'avoir vu d'un trop mauvais œil les étrangers, et de ne leur avoir pas accordé assez de priviléges. Les villes de la Grèce vivaient isolées, sans communication avec les autres villes voisines : elles ne travaillaient pas à s'étendre au dehors, à porter ailleurs leurs usages, leurs mœurs, leurs lois, à chercher des alliés qui eussent plus tard obtenu le droit de bourgeoisie. Les peuples qu'elles avaient vaincus, étaient traités par elle avec une excessive dureté, et, au lieu d'en faire des citoyens, elle en faisait des esclaves. Chaque peuple avait à tâche de se faire une constitution qui ne convînt qu'à lui et qui fût renfermée dans les murailles de la cité. Cette politique mesquine et étroite devait amener nécessairement la ruine de la Grèce. Toutes ces petites républiques, ainsi resserrées et concentrées en elles-mêmes, ne cherchant pas à augmenter le nombre de leurs habitants, devaient être trop faibles pour pouvoir résister à des ennemis puissants et nombreux. *Quid aliud*, dit Tacite, *Ann. lib. XI ch.* 24, *exitio Lacedemoniis et Atheniensibus fuit quamquam armis pollerent, nisi quod victos pro alienigenis arcebant.*

Rome admet dans son sein des hommes de toute race.

Un système tout opposé fut suivi par Rome, et Rome devint la maîtresse de l'univers entier. La ville naissante donne asile à des hommes de toute race, de toute tribu. Elle admet dans son sein des Étruques, des Latins, des Sabins, des aventuriers, des esclaves, des meurtriers même. Dans cet asile du Mont Palatin, vont vivre confondus des individus de coutumes et de religion différentes. « On ne » saurait croire, disent les historiens romains, avec » quelle facilité merveilleuse s'effacèrent les dissemblances » d'origines, de langage, de mœurs (*Sallust. Catil. VI*); » et de ces éléments si divers, agglomérés en un seul » corps, sortit le peuple romain. (*Florus, I*, 1). »

Les peuples vaincus.

A mesure que Rome remportait une victoire, elle s'appropriait les vaincus et par là augmentait le nombre de ses habitants. Quand les Albains eurent été défaits par les Romains, ils furent transplantés dans la ville, qui s'accrut ainsi des ruines d'Albe, suivant l'expression énergique de Tite-Live : *Roma interim crescit Albæ ruinis; duplicatur civium numerus* (Tite-Live, I. 30). Du reste, les vaincus et les vainqueurs étaient mis sur la même ligne; une parfaite égalité régnait entre eux : nous en trouvons la preuve dans la formule qui était consacrée à ces transfusions, et qui nous a été conservée par Tite-Live : « Que » ceci soit bon, favorable et heureux au peuple romain, à » moi et à vous Albains, disait Tullius-Hostilius au peuple » d'Albe; j'ai dessein de transférer le peuple albain à » Rome, de donner à la multitude le droit de cité, aux » nobles une place dans le sénat, afin qu'il n'existe plus » entre nous qu'une même ville et qu'une même répu» blique (*Tite-Live*, I. 28) ». Tel fut le succès prodigieux de la politique suivie par le peuple romain, que deux cent quarante-six ans après sa fondation, Rome comptait dans son sein cent trente mille habitants.

Droit de cité accordé à des villes d'Italie.

Lorsqu'elle se fut ainsi peuplée, et qu'elle eut agrandi l'enceinte de ses murailles, son système consista non plus à importer les étrangers dans la ville, mais à transporter la cité au dehors. Les Romains offrirent le droit de bourgeoisie à plusieurs villes de l'Italie : les Cérites furent les premiers qui reçurent la communication du droit civil romain; ils ne pouvaient cependant pas participer aux actes de gouvernement de Rome. Mais on accorda de plus grands privilèges à d'autres cités, qui obtinrent le droit de bourgeoisie avec toutes ses prérogatives. Dès lors les habitants de Rome ne furent plus les seuls qui purent voter dans les assemblées de Rome. On vit accourir de tous les coins de l'Italie, des individus qui, dans le forum, dans la légion, au sénat, furent en tout point les égaux des domiciliés. Plusieurs publicistes ont blâmé, en ce point, le système adopté par les Romains. « Pour lors, dit Montes-» quieu, Rome ne fut plus cette ville dont le peuple n'avait » eu qu'un même esprit, un même amour pour la liberté, » une même haine pour la tyrannie, où cette jalousie du » pouvoir du sénat et des prérogatives des grands, tou-» jours mêlée de respect, n'était qu'un amour de l'éga-» lité. Les peuples de l'Italie étant devenus ses citoyens, » chaque ville y apporta son génie, ses intérêts particu-» liers et sa dépendance de quelque grand protecteur. La » ville déchirée ne forma plus un tout ensemble, et comme » on n'était citoyen que par une espèce de fiction, qu'on » n'avait plus les mêmes magistrats, les mêmes murailles, » les mêmes dieux, les mêmes temples, les mêmes sé-» pultures, on ne vit plus Rome des mêmes yeux, on » n'eut plus le même amour pour la patrie et les senti-» ments romains ne furent plus. » Il y a du vrai dans ces reproches adressés à la politique de Rome. Cependant il faut remarquer que pour vaincre elle avait besoin du secours et de l'assistance des autres peuples ; que, seule et livrée à ses propres forces, elle aurait été impuissante à mettre à exécution ses projets de conquête : l'association c'est la force, surtout si cette association est formée d'individus agissant sous l'empire des mêmes idées ; et Rome serait peut-être parvenue difficilement à communiquer aux nations voisines son esprit et ses sentiments, à leur inspirer son amour de la gloire, si elle n'eût donné à ses alliés le titre de citoyen, si elle ne les eût appelés à voter dans ses comices et à s'asseoir dans son sénat.

Vers l'an 261, Rome ayant acquis une existence indépendante, les peuples latins furent réduits à la qualité d'alliés par une conséquence du traité du lac Régille, et par suite à une condition qui approchait de la pérégrinité. Mais cette condition ne pouvait satisfaire les Latins ; ils suscitèrent à Rome une guerre qui fut terminée par l'occupation de toutes leurs villes et par leur complet assujettissement (an 416 de Rome). Ce fut probablement alors que les Romains départirent aux Latins la mesure des droits de bourgeoisie qu'ils entendaient leur accorder. On distingua depuis lors plus tard :

Latins.

1.° Les *Latini fundi ;* on appelait ainsi les peuples libres qui adoptaient les lois romaines pour être gouvernés par elles ; mais ils ne devenaient pas citoyens romains par cette adoption.

2.° Les *Latini veteres ;* on appelait ainsi ceux qui étaient demeurés fidèles à l'alliance romaine dans le soulèvement de 416. Ils avaient le *commercium* sans jouir du *jus connubii ;* ils avaient le droit, lorsqu'ils se trouvaient à Rome, de donner leurs suffrages dans les comices, pourvu qu'ils y fussent invités par le magistrat qui présidait l'assemblée ; ils jouissaient encore de l'avantage de pouvoir acquérir facilement le droit de cité romaine.

Guerre sociale.

Cet état de choses dura jusqu'à l'époque où le désir d'obtenir le droit de bourgeoisie jeta l'Italie dans les tourments de la guerre qu'on nomme sociale (an 663 de Rome). Dans le commencement la plupart des peuples de l'Italie ne s'étaient pas souciés du droit de bourgeoisie chez les Romains, et quelques-uns aimèrent mieux garder leurs usages. Les Eques disaient dans leurs assemblées : « Ceux qui ont pu choisir ont préféré leurs lois au droit » de cité romaine, qui a été une peine nécessaire pour

» ceux qui n'ont pu s'en défendre. » (*Tite-Live, lib. IX, ch. 45.*) En l'an 447 de Rome, trois cantons des Herniques renoncèrent à leur droit de bourgeoisie romaine, pour reprendre leur ancienne forme de gouvernement. Cinq cents Prénestins, auxquels on offrit le droit de bourgeoisie romaine, comme la récompense d'un grand service qu'ils venaient de rendre à la république dans la seconde guerre punique, s'excusèrent de l'accepter, et aimèrent mieux demeurer citoyens de Preneste que de devenir citoyens de Rome. Mais les choses étaient bien changées : Rome venait de vaincre Carthage ; elle avait soumis la Grèce et porté ses aigles triomphantes jusqu'en Asie : les Romains étaient devenus les égaux des rois. On n'était rien dans le monde si l'on n'était citoyen romain : avec ce titre on était tout. Dès lors les peuples de l'Italie le briguèrent ; ils voulurent participer aux droits politiques, puis s'allier aux familles romaines par les liens de la parenté, acquérir des Romains par la mancipation ou par testament ; en un mot, porter ce titre de citoyen romain, déjà si glorieux et qui allait briller d'un éclat de plus en plus vif, à mesure que Rome augmenterait ses conquêtes et qu'elle agrandirait le cercle de son empire. Mais les patriciens ne voulaient pas qu'on accordât trop facilement le droit de bourgeoisie. Maîtres à Rome, tout puissants dans le sénat, ils craignaient de voir s'échapper une partie de leur domination, si d'autres étaient appelés à venir la partager. Ils craignaient que la civilisation ne fût retardée ; que le langage qui commençait à s'épurer et les mœurs à se polir ne fussent ralentis dans leur marche progressive, si on donnait un trop grand accroissement à la cité. Les plébéiens, au contraire, pour affaiblir l'autorité patricienne, réclamèrent toujours en faveur des alliés : aussi tandis que l'aristocratie défendait pied à pied son ancien terrain, empêchait les Latins de devenir citoyens et les Italiques de devenir Latins, les tribuns, défenseurs des intérêts plébéiens, furent-ils également ceux des intérêts italiens. Drusus, les Gracques voulurent soutenir les Italiens, plaider leur cause; mais ils furent assassinés. Ces meurtres, hautement avoués par les patriciens, excitèrent la terreur parmi le peuple. Profitant de cet effroi, le sénat fit passer une loi déclarant ennemi public quiconque, suivant l'exemple de Drusus et des Gracques, proposerait le titre de citoyen aux peuples alliés.

Droit de cité accordé à toute l'Italie. L'Italie, n'ayant pu rien obtenir par ses prières et ses brigues, prit les armes. « De la part des Italiens, dit » Velléius Paterculus, II, 15, c'était la guerre la plus » juste; car enfin que demandaient-ils? le droit de bour» geoisie dans la capitale d'un empire dont ils avaient » été les défenseurs. » La guerre fut longue et meurtrière: des consuls, des légions entières y périrent; l'Italie perdit plus de trois cent mille hommes. Rome ne triompha qu'en inscrivant au nombre de ses citoyens, d'abord ceux qui n'avaient pas pris les armes, ou qui les quittèrent les premiers, ensuite tous ceux qui combattaient encore. (*Lex Julia, an.* 664; *lex Plautia, an.* 665.) Ainsi les Latins, dont il est question dans le Digeste, ne sont plus les Latins originaires, *Latii incolæ*.

3.° *Coloniæ latinæ*: les Romains s'emparaient ordinairement d'une portion du territoire des peuples vaincus, et y envoyaient des colonies de citoyens qui tantôt conservaient et leurs titres et leurs droits, tantôt, au contraire, se trouvaient réduits à la condition de Latins. Quelquefois même, depuis la guerre sociale, les Romains accordèrent le *jus Latii* aux étrangers dont les services ne paraissaient pas assez grands pour mériter la concession du plein droit de cité.

4.° *Coloniæ romanæ, coloniæ togatæ* : ces colonies avaient leur sénat, leurs deux consuls ; elles avaient le *connubium*, le *commercium* ; mais elles ne jouissaient d'aucun droit dans l'ordre politique.

Outre ces diverses nuances de personnes, on distinguait encore les habitants des provinces, les citoyens de municipes, et les alliés jouissant du droit italique.

Le titre de cité finit par s'étendre hors de l'Italie : la Gaule cisalpine l'obtint en 705. Jules-César le distribua avec une grande profusion : il le donna à la ville de Cadix, en Espagne ; il l'accorda à tous les médecins et à ceux qui, professant les arts libéraux, viendraient à s'établir à Rome. Il le vendit même, ou du moins quelques-uns de ses favoris le vendirent en son nom, de sorte que lui-même fut obligé de faire rompre les tables de cuivre qui contenaient les noms des nouveaux citoyens, et de les priver de leur droit de bourgeoisie. Un plébiscite, provoqué par César, vint conférer à la Gaule cispadane le droit de cité romaine et la réunion à l'Italie. Ce plébiscite irrita l'orgueil des patriciens : ce n'était pas même à des habitants de l'Italie que ce droit était accordé, mais à des peuples qui jusque-là avaient été traités de barbares : aussi Marcellus, pour insulter Jules-César et lui faire voir qu'il regardait ce plébiscite comme nul, fit-il battre de verges un habitant de Côme : « Les coups sont la marque de l'étranger, lui dit-il avec une ironie cruelle ; va montrer tes cicatrices à César. »

A la Gaule cisalpine.

A la Gaule cispadane.

Jules-César chercha à étendre ses relations hors de l'Italie ; il se fit, à l'exemple des anciens tribuns, le défenseur de ceux qui n'avaient pas le titre de citoyens : aussi, dans sa guerre civile avec Pompée, il vit toutes les provinces se déclarer pour lui. Après sa victoire, beaucoup d'individus, de villes, de peuples entiers reçurent, suivant leurs mérites, le droit quiritaire, latin ou italique. Il fit en masse citoyens romains les soldats de la légion de l'Alouette; et voulant s'acquitter encore envers son armée, il dépouilla les villes qui avaient pris parti contre lui, et distribua aux soldats une portion de leur territoire : ces colonies se nommèrent *colonies militaires.*

Non content de tous les priviléges qu'il avait accordés aux habitants des provinces, César en introduisit dans le sénat. Les fiers patriciens furent indignés de voir siéger à leurs côtés ces demi-barbares. Leurs costumes, leur langage, leurs manières excitèrent la risée publique. Une conspiration fut ourdie contre César, qui trouva la mort sous les coups répétés des poignards de Brutus et de Cassius. A cette nouvelle, les provinces furent consternées : les étrangers qui étaient à Rome prirent le deuil, et firent retentir les rues et les places publiques de leurs lamentations. « *In summo publico luctu, exterarum gentium multi-* » *tudo circulatim, suoque more lamentata est* (Suet., J. C. » 84). Les juifs, surtout, montrèrent une grande douleur : » *Præcipuè judæi, qui etiam noctibus continuis bustum fre-* » *quentarunt* (*id.*). »

A la Sicile. César avait déjà accordé aux Siciliens les priviléges des Latins : Marc-Antoine ayant touché de grosses sommes, leur accorda le droit de bourgeoisie. (*Cic. ad At. XIV*, *q.* 12).

Sous les empereurs, le droit de bourgeoisie romaine continua à se communiquer à diverses nations. Cependant Auguste agit avec une plus grande réserve : « *Civitatem*, » dit Suétone (Aug. cap. XL), *parcissimè dedit adfirmans*

» se *facilius passurum fisco retrahi aliquid quàm civitatis* » *romanæ vulgari honorem.* »

Les empereurs, ses successeurs, ne suivirent pas son exemple, et prodiguèrent avec une grande profusion les droits de cité. Déjà ils étaient répandus dans les villes et dans les provinces les plus éloignées, lorsque Caracalla les accorda universellement à tous les habitants de l'empire (*L.* 17, *ff. de statu hom.*). Mais la constitution de Caracalla avait laissé subsister la différence entre les affranchis : Justinien les déclara tous citoyens romains, quel que fût l'âge de l'esclave, de quelque manière qu'il eût été acquis par l'affranchissant, et quel que fût aussi le mode d'affranchissement (*C. de lat. lib. toll.*).

A tous les habitants de l'empire.

Nous venons de voir comment le droit de cité, resserré d'abord dans les limites de Rome, s'étendit peu à peu à tous les habitants de l'empire. Revenons main[illegible]t en arrière, et recherchons quelle était à Rome la p[illegible]n des étrangers sous le point de vue civil et politiqu[illegible].

On nommait ainsi, non pas seulement l'ét[illegible] véritable, mais encore tous les sujets de l'emp[illegible]i n'étaient pas citoyens, soit qu'ils fussent latins ou it[illegible]ques, ou provinciaux. Dans l'origine, avant les succès de Rome, tout étranger se nommait *Hostis*. C'est le mot antique : « *Hostis* » *enim*, dit Cicéron, *off.* I, *cap.* 12, *apud majores nostros* » *is dicebatur quem nunc peregrinum dicimus.* » *Hostis* a le même sens dans ces deux vers d'Ennius, qui, en parlant de Scipion-l'Africain, a dit :

Hic est ille situs, cui nemo civis neque hostis
Quivit pro factis reddere operæ pretium.

Le terme qui signifiait *hostis*, était celui de *perduellis*, comme l'observe Gaïus sur la loi des XII Tables : *Quos nos hostes appellamus veteres perduelles appellabant per eam adjectionem indicantes cum quibus bellum esset* (L. 234. ff. de verb. signif).

Droits dont ne jouissaient pas les étrangers à Rome.

1.° Les étrangers n'étaient pas libres comme les citoyens romains, et les magistrats pouvaient les faire battre de verges. Nous en avons vu un exemple dans ce bourgeois de Côme, que Marcellus fit flageller;

2.° Ils ne pouvaient pas contracter mariage avec des Romaines. (*Ulp. t. V.* § 4.)

3.° Il n'avaient pas sur leurs enfans les droits de la puissance paternelle. (*L.* 1. *ff. tit. VI. leg.* 3, *de his qui sui vel alieni jus.*)

4.° Ils ne pouvaient exercer le droit de patronage sur leurs affranchis. (*Plin. ep.* 1.)

5.° Ils n'avaient pas la capacité de recevoir des citoyens ou de disposer en leur faveur, par testament, selon la loi romaine. (*FF. l.* 27. *tit. V. leg.* 6. § 2. *de hæred. inst.* — *Eod. lib. VI. tit.* 24. *leg. edd.*)

6.° Ils ne pouvaient servir de témoins dans le testament d'un Romain. (*Leg.* 3. *Cod. Theod. et hæret.*)

7.° Lorsqu'un étranger mourait, ses biens étaient regardés comme vacants, et appartenaient au fisc, ou bien étaient acquis au patron qui lui succédait, *jure applicationis.* (Cicer. de orat. l. 39.)

8.° Autrefois la première condition de propriété foncière était que le propriétaire fût citoyen romain : c'est pourquoi les étrangers ne jouissaient pas du droit de prescription. *Adversùs hostem*, disait la loi des XII Tables, *æterna auctoritas esto*, c'est-à-dire que la propriété demeure constamment au citoyen romain, quel que soit le laps de temps pendant lequel l'étranger ait possédé cette chose. *Auctoritas* avait une signification éloignée de celle que les latins modernes lui ont donnée ; il exprimait le droit de revendiquer et de défendre en justice ; il équivalait presque à droit de propriété ;

9.° Ils ne jouissaient pas du droit de suffrage ;

10.° Ils ne pouvaient servir dans les légions ;

11.° Ils ne pouvaient aspirer aux dignités de l'état. » *Peregrini*, dit Cicéron, *et incolæ officium est nihil præter » suum negotium agere, nihil de alio conquirere, minimèque » in aliena esse republica curiosum : tanquam perigrini publi- » cis civium negotiis se immiscere non debeant ; sed satagere » rerum suarum.* » Tite-Live raconte qu'après la bataille de Cannes, dans laquelle les Romains perdirent la plus grande partie de leur noblesse, même quatre-vingts sénateurs, Spurius-Carvilius proposa d'admettre dans le sénat quelques Latins : cette opinion fut trouvée si dangereuse par Fabius-Maximus et autres, qu'il fut arrêté au sénat qu'elle ne serait pas révélée. « *Patriis enim auspiciis non alienigenis » rempublicam administrare oportet* », dit Valerius (*Titulo de auspiciis, lib. I.*) Romulus, par ses premières lois, avait ordonné que nul ne pourrait obtenir de dignités à Rome, à moins qu'il ne fût issu d'un des cent Romains qu'il avait faits sénateurs ;

12.° Ils ne pouvaient prendre le nom d'une famille romaine ;

13.° Il leur était sévèrement défendu de porter la toge. C'était un habillement particulier aux Romains, sans lequel il leur était indécent de paraître en public. (*Plin., lib. VII, ep. 3.*) Auguste, indigné de voir une partie de la population romaine habillée de méchants manteaux, s'écria : *En romanos rerum dominos gentemque togatam* (Suet., in Augusto, cap. XL.)

C'est à cause de cet habillement qui leur étoit propre, que Virgile a dit dans son premier livre de l'Enéide :

> Quin aspera Juno
> Quæ mare nunc terrasque metu cœlumque fatigat
> Consilia in melius referet; mecumque fovebit
> Romanos rerum dominos *gentemque togatam*.

Et qu'on appela *gens togata* cette partie des Gaules qui avait obtenu le droit de bourgeoisie, de même qu'on appelait *togati*, dans les provinces, les citoyens romains. Cicéron fut obligé de défendre Rabirius, parce qu'on lui faisait un crime d'avoir quitté la toge à la cour du roi d'Egypte, et d'y avoir pris l'habillement de ce pays-là. (*Cic. pro Rabirio, c.* VIII.)

14.° Un privilége spécial aux citoyens romains, c'est qu'ils ne pouvaient pas être mis à mort, d'après la loi Porcia. Dès qu'ils étaient condamnés à mort, on supposait qu'ils étaient esclaves, et esclaves de la peine.

15.° Hors de Rome, dès qu'on réclamait le titre de citoyen romain, ce nom devait prévenir toute violence. (*Cicer. in Ver., lib. V, cap.* 57, 62 *et* 64. — *Act. Apost., cap. XXII, v.* 24, *et cap.* 16, *v.* 33.)

16.° Le cens était ainsi particulier aux seuls citoyens romains, de sorte que, dès que les censeurs avaient reçu le nom d'un homme et l'avaient mis sur leur rôle, en faisant la clôture du lustre, il était par là même réputé citoyen romain.

17. La justice était rendue aux étrangers par un préteur spécial, *prætor peregrinus*. Il avait la juridiction dans les rapports des étrangers entre eux ou avec les Romains; et appliquait les règles du droit des gens. La dignité du préteur urbain était supérieure à celle du préteur des étrangers : par exemple, il avait des licteurs tandis que l'autre n'en avait pas.

Les étrangers n'avaient donc, sous le point de vue civil, ni le *commercium*, emportant capacité de faire avec les citoyens romains des contrats ou acquisitions, des aliénations selon le droit civil; aptitude à être propriétaire et à jouir de la faction *testamenti*, ni le *jus connubii*, emportant pour les concessionnaires la capacité de contracter entre eux ou même avec les citoyens romains de justes noces, qui produisent la puissance paternelle, l'agnation, le droit de succéder et tous les effets civils. Dans le droit politique, ils n'avaient ni le *jus honorum*, ni le *jus suffragii*.

Droits dont ils jouissaient.

Ainsi envisagé, le rôle des étrangers était négatif à Rome; mais considérée sous un autre point de vue, la classe des étrangers n'était pas réduite à un état purement passif; ils jouissaient de tous les contrats du droit des gens. Ainsi leur mariage était un véritable mariage, mais *non justum*. (*Ulp. V, 4, VII, 4. — Gaïus I*, 68.) Leur propriété était comme propriété naturelle (*in bonis*) reconnue et protégée. En effet, dans Gaïus, liv. IV, §37, on voit que les étrangers avaient l'action *furti* et l'action *legis aquiliæ* : ce qui implique nécessairement un droit sur l'objet volé ou endommagé. Leur capacité se montrait surtout en matière d'obligations; car leurs obligations n'étaient pas seulement naturelles, mais civiles, c'est-à-dire garanties par des actions (*Gaïus IV*, 37.)

Voyons maintenant comment on acquérait le titre de citoyen romain. Ulpien dans ses fragments parle des différentes manières dont les Latins pouvaient acquérir le droit des Quirites. Il ne parle que des Latins, parce que, depuis la constitution de Caracalla, il n'y avait plus d'autres étrangers que les affranchis latins et juniens et déditices. Or, ces derniers ne pouvaient jamais devenir citoyens romains. (*Gaïus*, I, 26.) Il était tout naturel qu'Ulpien, en traitant de l'acquisition des droits de cité, ne s'occupât que des Latins.

Or, Ulpien, titre III de ses fragments, nous apprend que les Latins pouvaient obtenir le *jus Quiritium* de sept manières : *Beneficio principali, liberis, iteratione, militiâ, nave, ædificio, pistrino.*

Manière d'acquérir le droit de cité romaine.

La qualité de citoyen romain s'acquérait donc :

1.° Par un bienfait du prince, si le prince avait en effet accordé cette faveur. Au commencement, c'était aux rois qu'il appartenait de conférer le titre de citoyen (*Dion. Hal. XI*); puis quand les rois eurent été chassés, ce pouvoir fut remis entre les mains du peuple (*Populus et non plebs.*)—(*Tit.-Liv., lib. IV, 4, VIII, 17, 21.—XXIII, 318.— Vell. Pater. II, 16.— Cicer. pro Archia et pro Balbo et passim.*) Dans le commencement, il apporta le plus grand soin dans la concession des droits de cité : pour marquer le choix qu'on y faisait des personnes, cet acte s'appelait *allectio ;* il était voté dans les comices. Il est probable que, depuis la loi Hortensia, qui assimila les plébiscites aux lois, les plébiscites suffirent pour investir les étrangers du droit de cité. (*Gaïus* I, 3). Un senatus-consulte devait sans doute produire le même effet, puisque Caïus nous dit au §. 26, Com. I : « En conséquence, » les déditices n'ont qu'une liberté extrêmement restreinte ; et aucune loi, ni *senatus-consulte*, ni constitution du prince ne saurait leur donner accès au droit » de cité romaine. » Quoi qu'il en soit, nous voyons, vers la fin de la république, de simples généraux conférer la qualité de citoyen romain à des étrangers, tantôt en vertu d'une loi précédente (..... *Lex Gellia et Cornelia definitè potestatem Pompeio civitatem donandi dederat.....*

Cicer. pro Balbo, c. XIV, pro Archia, cap. X) tantôt sauf ratification d'une loi à venir. (*Cicer., Phil.* I, 7 et seqq.) Enfin, lorsque les droits du peuple furent passés dans les mains des empereurs, ceux-ci jouirent seuls de l'importante prérogative de faire des citoyens....

2.° Par les enfants; la loi Ælia-Sentia dispose qu'aussitôt que des mineurs de trente ans sont affranchis et devenus latins, s'ils prennent pour épouses des citoyennes de Rome ou des latines des colonies, ou bien des femmes de même condition qu'eux, quand ce fait est attesté par au moins sept témoins citoyens romains pubères, et lorsqu'un fils est né de ce mariage, il est permis à ces affranchis, si bon leur semble, après que leur fils a atteint une année, de se présenter devant le préteur, ou dans les provinces devant le président de la province, et de justifier qu'en vertu de la loi Ælia-Sentia, ils ont contracté mariage en vue d'avoir des enfants, et qu'ils ont de ce mariage un fils âgé d'un an : si le magistrat devant lequel la preuve a été administrée, affirme que la chose est ainsi, alors le Latin, son fils et son épouse deviennent citoyens romains.

3.° Par un double affranchissement; un affranchi, devenu latin, étant majeur de trente ans, devenait citoyen romain lorsqu'il était encore solennellement affranchi par un maître qui était citoyen romain. Le même sénatus-consulte lui accordait aussi le titre de citoyen romain à raison de son mariage et de ses enfants.

4.° Par le service militaire; on était fait citoyen romain quand on avait servi pendant six ans dans la garde de nuit, suivant la loi Visellia. Un sénatus-consulte accordait même cette faveur à ceux qui avaient fait ce service pendant trois ans.

5.° Par la construction d'un navire ; on obtenait le titre de citoyen après avoir fait construire un vaisseau de dix mille mesures au moins, et l'avoir employé pendant six ans à transporter du blé à Rome, suivant l'édit de l'empereur Claude.

6.° Par celle d'un édifice ; d'après la loi Julia, il a été établi que celui qui, pour bâtir un édifice à Rome, n'aurait pas dépensé moins que la moitié de son patrimoine, obtiendrait le *jus Quiritium*.

7.° *Pistrino ;* on ignore comment on pouvait acquérir *Pistrino* le titre de citoyen romain.

8.° Par l'exercice de certaines fonctions ; les latins acquéraient le droit de cité romaine, après avoir rempli une magistrature annuelle dans leur pays.

9.° Une femme latine devenait citoyenne romaine après trois couches fécondes : on regardait comme ayant accouché trois fois, celle qui avait mis au monde trois enfants.

Mais toutes ces différentes manières d'acquérir les droits de cité, durent nécessairement cesser d'être mis en usage depuis la constitution de Caracalla et de Justinien. Alors il n'y eut plus d'étrangers : on ne connut plus que des citoyens romains et des barbares ; le barbare c'était celui qui était encore hors des limites de la civilisation et de la géographie romaine. Dans le commencement, ce titre n'était donné qu'aux Gaulois cisalpins ; mais à mesure que les conquêtes des Romains s'agrandirent tous les jours, et reculèrent de plus en plus les limites de l'empire romain, ce titre passa successivement des Gaulois cisalpins aux Gaulois au-delà des Alpes, sur les bords de l'océan, aux insulaires de la Grande-Bretagne et aux habitants de la Germanie.

Hospitalité des peuples de la Germanie.

Cependant, les peuples qui étaient ainsi traités dédaigneusement du nom de barbares et qui, en effet, se montraient pleins de cruauté à la guerre, déposaient toute leur férocité vis-à-vis les étrangers. On se faisait partout une loi de les recevoir; mais c'était un devoir dont on s'acquittait avec allégresse : chacun les invitait à venir prendre quelque repos dans sa maison et à s'asseoir à sa table; et ce n'était qu'après ces démonstrations d'amitié qu'on leur demandait de quel pays, de quelle condition ils étaient, quelles étaient les affaires qui les avaient forcés à quitter leur patrie. « Les Gaulois, dit Diodore de » Sicile (V, 212), invitent les étrangers à leurs festins : » après le repas ils leur demandent qui ils sont et en quoi » on pourrait leur rendre service. » — « Les Germains, » dit Tacite, chap. XXI, aiment à donner des festins, et » aucune nation n'exerce l'hospitalité d'un cœur plus gé» néreux. Fermer sa porte à un homme quel qu'il soit » semblait un crime. Chacun offre à l'étranger une table » aussi bien servie que le permet sa fortune : quand ses » provisions sont épuisées, le premier hôte en montre » un second dans la maison voisine et s'y rend de com» pagnie. Les arrivants n'étaient pas invités ; peu im» porte, il n'en sont pas reçus avec moins d'égards : » connus ou inconnus ont les mêmes droits à l'hospita» lité. » Jules-César nous donne les mêmes détails, VI, 24 : « Les Germains regardaient comme un crime de faire » quelque outrage aux étrangers ; quand ils venaient chez » eux pour quelque cause que ce fût, ils empêchaient qu'on » ne les insultât et les regardaient comme des personnes » sacrées : toutes les maisons leur étaient ouvertes. »

Dès qu'ils apercevaient un étranger, ils allaient au-devant de lui, et tous à l'envi voulaient le recevoir comme leur hôte. Diodore, en parlant des Celtibériens, remarque que « bien qu'ils se montrassent cruels envers les mal- » faiteurs et envers leurs ennemis, ils ne laissaient pas » d'être doux et humains à l'égard des étrangers qui pas- » saient dans leurs pays : chacun les invite à venir loger » chez lui ; il y a des disputes entre eux à qui les rece- » vra ; ils louent ceux que les étrangers préfèrent et les » croyent bien aimés des dieux. »

Les voyageurs ne payaient nulle part leur dépense : « Si les Germains, dit Tacite, ch. XXI, demandent quel- » quefois un présent à l'étranger qui se retire, celui-ci » a coutume de l'accorder ; mais il peut aussi en deman- » der avec la même liberté. »

Quand un Celte était convaincu d'avoir refusé l'hospitalité, il était non-seulement regardé avec exécration par ses concitoyens ; mais encore il était condamné à une amende pécuniaire par les magistrats. La loi des Bourguignons, tit. XXXIII, § 1, établissait des peines contre ceux qui n'avaient pas fait bon accueil aux étrangers : « Qui- » conque aura refusé sa maison ou son feu à un étranger, » paiera trois écus d'amende. Si un homme qui voyage » pour des affaires particulières, vient demander le cou- » vert à un Bourguignon, et que l'on puisse prouver que » celui-ci ait montré la maison d'un Romain, le Bour- » guignon paiera au Romain trois écus et pareille somme » au fisc. » L'art. 5, additament second, garantissait aux étrangers la liberté de venir s'établir dans les terres qui leur appartenaient, et contenait une défense expresse de les réduire en servitude. La même loi portait que le métayer ou le censier qui aurait refusé d'exercer l'hospitalité serait fustigé.

Cependant quelques peuples de la Germanie se mon

traient moins bienfaisants envers les étrangers, et en faisaient souvent des esclaves; nous en trouvons la preuve dans ce passage de Méginhard, auteur du neuvième siècle : « *Peregrinum qui non patronum habebat vendebant* » *Saxones.* »

Si un citoyen recevait un étranger dans sa famille, il lui devait protection; il devait lui prêter secours et assistance contre les outrages dont il pouvait être victime. Aristote dit que les Gaulois conduisaient les voyageurs et les gardaient à l'œil, parce qu'on punissait ceux sur le territoire desquels l'étranger avait souffert quelque injure ou quelque dommage. Nicolas de Damas avait aussi remarqué que les Celtes, en général, punissaient beaucoup plus sévèrement le meurtre d'un étranger que celui d'un citoyen : il en coûtait la vie pour le premier de ces crimes, au lieu que celui qui avait commis le second, était seulement condamné à un bannissement.

D'un autre côté, l'hôte de l'étranger était responsable des délits que celui-ci pouvait commettre; cette responsabilité ne pouvait manquer de détourner les habitants de loger les voyageurs, et nous avons vu que la loi des Bourguignons punissait d'une amende ceux qui refusaient l'hospitalité.

Mais si les étrangers étaient protégés contre toute violence, ils ne pouvaient devenir membres de la société, et ne pouvaient par conséquent participer aux avantages des citoyens. Ces derniers seuls composaient la nation proprement dite, exerçaient tous les actes de souveraineté et pouvaient choisir le chef. Ils ne pouvaient être jugés que par leurs concitoyens; ils ne payaient d'autres contributions que celles qu'ils avaient consenties; ils étaient seuls habiles à rendre un témoignage valide en plusieurs cas;

il existait pour eux une sorte de propriété parfaite, semblable au *dominium (ex jure Quiritium)* des Romains.

Les étrangers ne pouvaient porter les armes et étaient exclus de l'honneur de défendre la patrie. Ainsi qu'à Rome, dans les temps anciens, les étrangers, chez les peuples d'origine germanique, n'avaient pas le droit de faire tout ce qui n'était autorisé que par le droit civil; ils ne pouvaient disposer de leurs biens, les laisser à des héritiers naturels *ab intestat*, ni faire un testament. Incapables de contracter mariage avec des personnes soumises au droit civil, ils ne pouvaient avoir de descendance légitime; et, à leurs décès, leurs biens appartenaient au fisc par droit de déshérence, comme biens vacans.

Les étrangers pouvaient acquérir le droit de cité, et telle était l'humanité des nations germaniques, qu'ils ne le refusèrent jamais à ceux qui se réfugièrent chez eux, et qu'ils estimaient les hommes moins par le sol qui les avait vus naître que par leur courage et leurs vertus.

Capitulaires des rois de France.

Dans les capitulaires de nos premiers rois de France, nous retrouvons des commandements formels de prêter aide et assistance aux étrangers et de leur offrir l'hospitalité. Le christianisme, qui avait pénétré dans la plupart des pays de l'Europe, avait divinisé cette loi de l'hospitalité, en enseignant que Jésus-Christ était mort pour tous les hommes, et que, par conséquent, tous les hommes étaient frères.

Les relations de ville à ville étaient peu fréquentes dans ces premiers temps de la monarchie : les communications étaient difficiles, et le commerce à peu près nul. On ne songeait pas alors à quitter sa patrie, sa famille, et à aller habiter sur une terre étrangère. Cependant on rencontrait quelquefois des voyageurs qui, le bâton à la main, parcouraient péniblement les routes du royaume : c'étaient de pieux pèlerins qui allaient accomplir un vœu dans un lieu célèbre par ses miracles, ou qui même se rendaient dans la terre sainte, demander, sur le tombeau du Sauveur, la rémission de leurs péchés. C'est à eux surtout que s'appliquent les capitulaires de nos rois. Voici un capitulaire de Dagobert I.er, à la date de l'année 630 :

Nemo ausus sit inquietare vel nocere peregrinum quia alii propter Deum, alii propter necessitatem discurrunt. Tamen una pax omnibus necessaria est. Si autem aliquis tam præsumptuosus fuerit ut peregrino nocere voluerit et fecerit, aut despoliaverit, vel læserit, vel plagaverit, aut ipsum ligaverit vel vendiderit, aut occiderit et exindè probatus fuerit, centum sexaginta solidos in fisco cogatur exsolvere; et peregrino, si viventem reliquit, omnem injuriam quam fecit ei, vel quod tulit, dupliciter componat sicut solet unum de infra provincia componere. Si autem eum occiderit centum solidos auro adpretiatos cogatur exsolvere. Si parentes desunt, fiscus accipiat, et pro delicto aut pauperibus tribuat, ut possitis Dominum propitium habere, qui dixit : Peregrinum et advenam non contristabis de suis rebus. Si dux illi concesserit aliquid habere, componat octuaginta solidos.

Un capitulaire de Charlemagne, qui parut près de deux cents ans après, c'est-à-dire en 802, respire les sentiments de la charité chrétienne qui animait alors tous les esprits :

Præcipimus ut in omni regno nostro neque dives neque pauper peregrinis hospitia denegare audeant, id est sive peregrinis propter Deum ambulantibus per terram, sive cuilibet iteranti propter amorem Dei et propter salutem animæ suæ, tectum et focum et aquam nemo illi deneget. Si autem amplius eis aliquis boni facere voluerit, à Deo sibi sciant retributionem optimam, ut ipse dixit : Qui autem susceperit unum parvulum propter me, me suscepit : et alibi : hospes fui et suscepistis me.

Ces pèlerins qui parcouraient ainsi la chrétienté, et qui allaient frapper à la porte des monastères qu'ils trouvaient sur leur route pour y demander l'hospitalité, se faisaient facilement reconnaître au moyen des *cartæ tracturiæ* dont ils étaient porteurs, et qui leur avaient été délivrées par les évêques de leurs diocèses :

Voici une des nombreuses formules de ces passeports de l'ancien temps :

« Feuille de route pour un voyageur. »

« A vous, saints seigneurs, évêques établis en vos siéges » apostoliques, abbés, abbesses, à vous tous, pères en » Jésus-Christ ; à vous, ducs, comtes, vicaires, cente- » niers, dixeniers, à vous tous qui croyez en Dieu et le » craignez ; moi, pécheur indigne, le dernier des servi- » teurs de Dieu, évêque ou abbé de........ où repose l'hu- » manité mortelle du bienheureux martyr ou confesseur.... » salut éternel en Dieu :

» Je vous fais assavoir que le voyageur nommé....... né » à....... de........ est venu à moi, et m'a demandé conseil » sur un péché qu'il a commis à l'instigation de l'ennemi » commun. Selon nos usages canoniques, j'ai jugé que cet » homme devait se mettre dans la condition de ceux qui » errent pour la rédemption de leur âme. Sachez donc » que, lorsqu'il se présentera à vous, vous n'avez point à » en mal penser ou à vous emparer de sa personne : bien » au contraire, accordez-lui le gîte, le feu, le pain et l'eau ; » puis, sans le retenir davantage, laissez-le se hâter vers » les lieux saints.

» Agissez ainsi pour l'amour de Dieu et le respect de » saint Pierre : vous en obtiendrez récompense dans la vie

» éternelle ; car dans cet étranger, c'est Jésus-Christ que » vous aurez recueilli et nourri. Songez que le Seigneur a » dit : « J'étais étranger, et vous m'avez recueilli » ; et » puis encore : « Ce que vous ferez pour le moindre de ces » petits, vous l'aurez fait pour moi. » Mais à quoi bon de » plus longs discours ? un seul mot suffit aux sages. Je » me recommande à vos prières. Soyez vaillants en Jésus-» Christ, et devenez dignes de la demeure des anges. » (*Append. formul. Marculfi, cap. X, Balluzii, t. II, p.* 441.)

Dès cette époque on avait compris que le commerce devait être une source de richesses et de prospérités pour le royaume : aussi voyons-nous que Charlemagne, dans un capitulaire à la date de l'année 796, défend de faire aucun mal aux marchands qui viennent négocier dans ses états : « *Negotiatores quoque volumus ut ex mandato nostro patro-» cinium habeant in regno nostro legitimè ; et si aliquo loco » injusta affligantur oppressione, reclament se ad nos vel ad » nostros judices, et plenam jubebimus justitiam fieri.* »

Tant que Charlemagne fut sur le trône, l'unité politique régna dans la partie occidentale de l'Europe. Maître d'un vaste empire qui s'étendait de l'Ebre à l'Elbe, il vit obéir aux mêmes lois des peuples de langue et d'origine diverses. Au moyen des *missi dominici* qui parcouraient les contrées qui lui étaient soumises, il chercha à établir partout l'uniformité et à effacer toutes les différences de mœurs et d'usages. Le pape, en plaçant sur sa tête la couronne de l'empire chrétien, dut espérer que la puissance de ce prince égalerait celle des anciens Romains, et il comprit bien que si les états particuliers pouvaient disparaître devant une autorité unique, il serait plus facile à l'Eglise de rapprocher les peuples et de les unir par les liens de la charité.

Mais ses espérances furent de courte durée. Sous les faibles successeurs de Charlemagne et des premiers chefs de la troisième race, les fiefs étant devenus héréditaires, l'empire se brisa, la terre se morcela. Les seigneurs, pour s'incorporer les peuples de leurs comtés, cherchèrent à les isoler des autres peuples; ils devinrent bientôt maîtres chez eux, et il leur fut facile de briser les liens qui les retenaient aux rois de France : dès lors ces derniers n'envoyèrent plus des officiers dans les provinces pour faire exécuter les ordonnances qui émanaient d'eux : « Il n'y eut » plus de loi commune, dit Montesquieu, parce que personne ne pouvait plus faire observer la loi commune. » Toute relation cessa d'exister entre les diverses baronies; en un mot l'unité politique disparut.

Origine du droit d'aubaine.

Sous l'empire de ce nouvel ordre de choses, le sol et l'homme se confondaient sous une même servitude; les seigneurs étaient propriétaires de la terre, et en même temps des esclaves attachés à cette terre : par suite le serf était incapable d'avoir des héritiers, et le seigneur lui succédait par droit de morte-main. « Si le serf muert, dit » Beaumanoir, il n'a nul hoir fort que son seigneur, ne li » enfants du serf n'en ont riens, si ils ne se rachatent au » seigneur. »

Ce n'était pas assez pour le seigneur d'exiger de ses serfs des redevances qui étaient plus ou moins onéreuses suivant leurs caprices; ils levaient sur les étrangers qui venaient dans leurs baronies, un droit connu sous le nom de chevage : il était ordinairement de douze deniers, et se percevait à la saint Rémy. Ceux qui le devaient sont désignés dans nos anciennes lois par chevagiers. Si on négligeait d'y satisfaire, on était soumis pour peine du retard à une amende sept à huit fois plus considérable que le droit. Une amende était payée aussi ; mais elle était bien plus forte, on dit même arbitraire, si un étranger se mariait sans la permission du roi ou du seigneur, à une personne née en France. Cette permission ne se donnait que moyennant l'abandon d'une portion de ses biens, souvent du tiers, quelquefois de la moitié. Ce dernier droit est le *formariage* ou *forsmariage*, mot qui s'applique également au prix exigé pour l'union d'un serf avec une personne libre ou avec une personne qui n'était pas soumise au même seigneur. Le droit de chevage était seul dû, si le mariage était contracté avec une personne de la même condition, ayant le même caractère.

Non content d'imposer ces charges aux étrangers, les seigneurs se saisissaient de leurs personnes et les faisaient serfs ou mainmortables. C'est ce qui résulte d'une charte de Philippe-Auguste, et ce qui est conforme à l'ancien coutumier de Champagne, art. LVIII : « Quand aucuns » albins vont demeurer en la justice d'aucun seigneur, et » li sires dessous qui il est, n'en prend le service dans l'an » et jour, se les gens du roy le sçavent ; ils en prennent le » service ; et est acquis au roy. » « Il y a de teles terres, » dit Beaumanoir, quant un franc hons qui n'est pas gen » tixhons de lignage, i va manoir et i est résident un an » et un jour, il devient soit hons soit fame serf au seigneur » dessoubs qui il vient être résident. »

L'aubain était obligé de faire serment de fidélité en ces termes, selon le grand coutumier, livre II, chap. 31 : « Tu » me jures que d'ici en avant, tu me portera foy et loyauté » comme à ton seigneur, et que tu te maintiendras comme » homme de telle condition comme tu es, que tu me paye» ras me debtes et devoirs bien et loyalement, toutefois » que payer les devras, ni ne pourchasseras choses, pour-

» quoy je perde l'obéissance de toy, ni de tes hoirs, ne » te partiras de ma cour, ce n'est pas deffaire de droit ou » de mauvais jugement, en tous cas tu advoues ma cour » pour toy et pour tes hoirs. »

Les aubains (1) devenaient donc serfs; par conséquent, comme les hommes de corps, ils ne pouvaient pas avoir d'héritiers, et le seigneur succédait à tous leurs biens, tant meubles qu'immeubles, par droit de morte-main.

Il devient régalien.

Quand les rois de France eurent aboli pour les nationaux le servage dont les affectait la demeure dans les terres seigneuriales, ils ne se montrèrent pas aussi généreux envers les aubains : il est vrai qu'ils les prirent sous leur

(1) Quelques jurisconsultes ont fait dériver ce mot d'*alibi natus*, né ailleurs; d'autres du mot *advena*; car les étrangers sont appelés *advenæ* dans les capitulaires de Charlemagne (*lib. III*, *cap.* 18), et dans ceux de Charles-le-Chauve (*tit. XII*, *c.* 9, *et tit. XIII*, *c.* 6). Nicod fait dériver le mot *aubain* de l'ancien mot français *hober*, qui signifiait se déplacer d'un lieu pour se transporter dans un autre. Les anciens disaient *hobain* et *hobaine*, ou *droit d'hobaine*. On a prétendu aussi que le mot *aubaine* trouvait son origine dans le mot latin babare *albanagium*. La première partie *alban* serait corrompue d'*alaman*, ou *alamban*, qui signifie *homme étranger*; car *all* signifie *autre*, *étranger*, et *mann* signifie *homme* : *agion* signifie *bien*, si on le forme du saxon *agen*. Ainsi, le composé *albanagium* signifie *le bien d'un étranger* : de là le *jus albanagii*, droit d'aubaine. On fait, avec plus de raison, dériver le mot *aubain* d'*albanus*, *albinus*, aubain. On appelait ainsi les habitants de l'Angleterre et de l'Ecosse; et comme ces peuples étaient presque les seuls qui venaient en France, il n'est pas étonnant qu'on ait donné leur nom à tout étranger. De leur côté, les Anglais appelèrent *Français* tous les étrangers qui allaient en Angleterre; et particulièrement les Orientaux appelèrent *Français* tous ceux qui faisaient profession de la religion romaine, de quelque nation qu'ils fussent, parce que ceux de notre nation s'étaient rendus célèbres en Orient par leurs pieux pèlerinages.

avouerie ou protection royale ; en sorte que, dès qu'un étranger avait reconnu le roi ou lui avait fait aveu, il conservait sa franchise naturelle, sans craindre les violences et les entreprises des seigneurs ; mais, en définitive, ils restèrent toujours serfs ; ils ne firent que changer de maître.

Saint Louis fut le premier qui se sentit assez de force pour statuer que les aubains ne pourraient se donner d'autre seigneur que le roi. « Mes bastards ou aubains ne » puet faire autre seigneur que le roy en son obéissance » ni en autre seignorie, ne en son ressort qui vaille, ne » que soit estable selon l'usage d'Orlenois et de la Saa » loigne. » (*Etablissements de saint Louis, ch. 30, liv. II.*) Comme une conséquence de ce principe, il fit entrer l'aubaine au rang des droits régaliens. Établissements de S. Louis.

Cependant il faut remarquer que la déclaration de saint Louis n'empêcha pas que, pendant de longues années encore, le droit d'aubaine ne fût exercé par les seigneurs. Une ordonnance de Philippe-le-Bel, à la date de 1301, montre qu'ils en jouissaient encore à cette époque. Elle porte : « *Quod bastardorum et aubenarum in terris baronum » et aliorum subditorum nostrorum in quibus ipsos constite- » rit omnimodam habere justitiam, decedentium bona ipsi » collectores non explectent, nisi prius, per aliquem idoneum » virum, quem ad hoc specialiter deputaverimus, vocatis par- » tibus ac dictis collectoribus et domino loci, constiterit quod » nos simus in bona sæsina percipiendi et habendi bona talium » bastardorum et aubenarum decedentium in terris prædictis.* »

Après cette époque, on voit encore des seigneurs obtenir du roi, contre lui-même, l'exercice du privilége ancien à l'égard des aubains ; ainsi Gautier, comte de Brienne et duc d'Athènes, s'étant plaint, en 1355, de ce que les étrangers qui étaient venus s'établir dans son comté se désavouaient de lui et s'avouaient hommes et femmes de la jurée du roi, le roi se montra favorable, et replaça dans la seigneurie du comte de Brienne les aubains qui avaient voulu s'y soustraire.

En 1386, nous trouvons une ordonnance de Charles VI qui abolit le droit d'aubaine dans le comté de Champagne : ce qui montre que le droit du roi n'était pas encore bien établi : « En notre comté de Champagne, porte cette or-
» donnance, sont et doivent être à nous de notre droit
» tous les biens meubles et immeubles des personnes,
» gens aubains et épaves qui trépassent sans convenables
» héritiers, en quelque haute justice qu'iceux épaves soient
» demeurants et vont de vie à trépassement et où que
» leurs biens soient. » — Quelques coutumes continuèrent aussi d'accorder le droit d'aubaine au seigneur haut justicier, celles de Sens (art. 10) et d'Auxerre (art. 13, par exemple. Celles de Maine et d'Anjou n'exigèrent même pas qu'il eût ce caractère : elles donnèrent les meubles à la moyenne justice, les immeubles à la basse. (*Coutume du Maine, art. 48 ; coutume d'Anjou, art. 41.*)

Il est certain qu'au seizième siècle les droits du roi étaient incontestables : les extraits des registres de la cour des comptes de 1540 et 1570, publiés pour la première fois par Bacquet, supposent qu'ils étaient reconnus à l'exclusion de celui des hauts justiciers. Cette conséquence paraissait alors d'autant plus légitime, que le roi seul pouvait accorder des lettres de naturalité.

Il y avait deux sortes d'aubains.

Ainsi le droit d'aubaine était le droit accordé au roi de succéder à tous les biens qu'un étranger laissait dans le royaume lors de sa mort. On distinguait deux sortes d'aubains : 1.° celui qui, quoique régnicole, quittait le diocèse où il était né ; 2.° celui qui était né hors du royaume.

On appelait épaves « les hommes et les femmes naiz de- » hors le royaume, de si loingtains lieux que l'on n'en » peut au royaume avoir congnoissance de leurs nativitez. » Et quand ils sont demourants au royaume, si peuvent » être dits épaves. Estrayers étaient les biens demourez » de tels aubains et espaves, qui sont demourants au » royaume et vont de vie à trépassement sans hoirs natu- » rels de leurs corps nez au royaume. » (*Bacquet, Droit d'aubaine.*)

Les Etablissements de saint Louis distinguent parfaitement ces deux sortes d'étrangers, savoir ceux qui changeaient simplement de chrême et ceux qui étaient nés hors le royaume. Les premiers furent des personnes franches quoiqu'ils dussent le droit d'aubaine : les autres furent serfs ou cuverts de celui dans la terre duquel ils venaient se fixer jusqu'à ce qu'ils purent prendre le roi pour seigneur, et que celui-ci leur eût laissé leur franchise.

Nous lisons, en effet, dans le chapitre LXXXVII des Etablissements de saint Louis : « Si aucun hons estranger » vient ester en aucune chastellerie de aucun baron, et » il ne fasse saingnieur dedans l'an et jour, il en sera » exploitable au baron, et se avanture étoit que il mo- » rust, et il n'eût commandé à rendre quatre deniers au » baron, tuit ses meubles seroient au baron. »

Le chapitre 97, liv. I, parle des étrangers nés hors le royaume qu'il appelle hons mesconneus. « Se gentil- » hons a hons mesconneus en sa terre, se il servoit le » gentilhons et il morust, le gentilhons auroit la moitié » de ses muebles ; et se il muert sans hoir et sans li- » gnage, toutes ses choses seront au gentilhons ; mais » il rendra sa dette et s'aumosne ; et si le mesconneu » avoit conquises aucunes choses sous autres vavassors,

» que sous celui à qu'il seroit hons, li autres sires n'y » auroit riens par droit, mès il ne prendrait pas le » cens, ne les coutumes du saingnieur, ainsi convien- » droit que le sires li en baillat hom coutumier qui » le servit. »

Ce qu'il faut remarquer ici, c'est que le droit d'aubaine, sous l'empire des Etablissements de saint Louis, était simplement considéré comme un droit de déshérence. Il fallait, pour que le roi pût succéder à l'aubain, que l'aubain mourût sans hoir ou sans lignage, c'est-à-dire sans héritier testamentaire ou légitime. Le chapitre 30, liv. II de ces Etablissements, est formel sur ce point : « Si aucun aubain, y est-il dit, ou bastard » muert sans hoir ou sans lignage, li roy est hoirs ou » li sires sous qu'il est; se il muert et cüer de Chastel. » D'un autre côté, il est dit, dans le chapitre XCVII, que nous venons de rapporter, que le seigneur rendra sa dette et s'ausmone, c'est-à-dire qu'il paiera non-seulement les dettes de l'aubain, mais encore ses legs. Il résulte évidemment de là que le droit d'aubaine n'empêchait pas à cette époque l'étranger d'avoir des héritiers légitimes ou testamentaires.

Une autre remarque à faire sur ces Etablissements, c'est que, quoique saint Louis y dise que les aubains ne pourront pas faire d'autre seigneur que le roi, il ne déclare pas, d'une manière formelle, que le droit d'aubenage appartient au roi seul. Mais je l'ai déjà dit, il finit par devenir un droit régalien, et les domanistes disaient emphatiquement que ce droit était un des plus beaux fleurons de la couronne de France. Il en résulte que le haut justicier ne pouvait le prescrire; que la coutume locale, qui ne pouvait priver le roi de ses prérogatives, ne pouvait attribuer au haut justicier le droit d'aubaine, et que la négligence des prédécesseurs des rois de France ne pouvait préjudicier à leurs successeurs, ni aucunement diminuer les droits de la couronne.

Droits dont ne jouissaient pas les étrangers.

De ce que la succession de l'étranger appartenait au roi, il suivait de là que les parents de l'étranger quoique régnicoles ne pouvaient lui succéder. Cependant les étrangers, à l'exception des Juifs, qui avaient des enfants légitimes nés en France, n'étaient pas sujets au droit d'aubaine, et leurs enfants nés en France leur succédaient : il y avait même cela de particulier, que si l'étranger avait des enfants en légitime mariage qui fussent nés hors le royaume, ceux qui étaient nés en France habilitaient leurs frères étrangers pour succéder au père commun, et n'étaient pas recevables à leur opposer le vice de pérégrinité.

La veuve de l'étranger était incapable de lui succéder en vertu du titre *unde vir et uxor;* c'était là, en effet, une succession légitime qu'elle ne pouvait transmettre.

L'étranger était aussi incapable de recueillir une succession dans le royaume.

L'étranger ne pouvait disposer par testament des biens qu'il avait en France : la raison en était que la faction de testament appartenait au droit civil : ainsi *liber vivit, moritur servus.*

Par le même principe, l'étranger ne pouvait recevoir par testament.

L'étranger ne pouvait plaider, qu'il n'eût donné caution de payer le jugé : si l'étranger était défendeur, la caution n'était pas nécessaire. Il faut remarquer qu'on ne connaît aucuns édits, aucunes ordonnances de nos rois touchant la caution à fournir par les étrangers :

la jurisprudence de tous les parlements s'accorda pour en faire une sorte de disposition générale. Le premier arrêt qui exigea la caution est du 4 janvier 1562 : il y avait alors, si on en croit Bacquet, une grande multitude d'étrangers, *quorum fides valde suspecta erat* et qui plaidaient à outrance contre les Français.

L'étranger était condamnable par corps en matière purement civile, parce que cette contrainte n'avait été abrogée qu'en faveur des sujets du roi et non en sa faveur.

Il n'était pas recevable au bénéfice de cession. Si l'étranger, disait Bacquet, était reçu au bénéfice de cession, il pourrait à son avantage sucer le sang de la moelle des Français pour les payer en faillite. — Des lettres-patentes, à la date du 28 novembre 1638, données pour servir de statuts aux marchands épiciers-apothicaires de Paris, portaient que les seuls Français pourraient être reçus marchands apothicaires-épiciers et que les étrangers ne le pourraient qu'après avoir obtenu des lettres de naturalité dûment enregistrées.

Ils ne pouvaient aspirer aux fonctions publiques.

L'étranger, d'après les ordonnances royales, ne pouvait tenir office ni bénéfices en France.

Sous la première race, on admettait en France les étrangers dans les troupes ; mais on ne leur permettait pas de s'introduire dans les offices de judicature : la raison qu'en donnent les capitulaires est que *quamvis eloquiis polleant, tamen difficultatibus hærent*.

En l'année 1323, mois de novembre, Charles-le-Bel, qui doutait de la bonne foi et de la probité des Italiens et des Lombards, rendit une ordonnance par laquelle nul receveur du roi ne pouvait être ultramontain ni de Lombardie. Philippe VI, dit de Valois, établit une prohibition pareille. « Nous avons ordené et ordenons qu'aucuns » Ithaliens dores-en-avant ne homme né hors de notre » royaume ne sera receveur d'aucunes de nos receptes ; » et dès maintenant se aucuns en y a, nous lez en otons » et déboutons de tout. » (28 janvier 1347.)

Mais c'est vraiment du roi Charles V que date la première ordonnance qui interdit aux étrangers la participation aux fonctions publiques. Après la guerre d'invasion contre les Anglais, Charles VII rendit une ordonnance sur le même sujet, par ce motif « Que le royaume » de France avoit esté et étoit garni de notables hom» mes natifs d'iceluy, nobles, clercs et autres gens de » grand mérite, et qu'il convenoit que de tels gens fust » pourvus aux dignités dudit royaume. » Le préambule de cette ordonnance, à la date du 10 mars 1431, portait : « Ce seroit moult chose dure de voir les notables » de notre royaume dépourvus et les étrangers pourvus de » dignités d'iceluy, attendu aussi que, si de telles choses » estoient par nous tolérées et souffertes, nosdits ennemis » et adversaires pourroient savoir les secrets du gouver» nement et estat de notredit royaume, et lesdits étran» gers et autres tenant leur party, auroient et empor» teroient les biens et honneurs d'iceluy, avant ceux qui » en sont natifs, qui seroit contre toute bonne raison. »

C'était principalement à l'occasion des dignités ecclésiastiques que ces ordonnances étaient rendues ; car les fonctions civiles avaient alors peu d'importance et par suite étaient peu recherchées. Mais c'étaient nos riches prélatures, nos grasses abbayes qui tentaient singulièrement les étrangers : ils prenaient les bénéfices et n'en remplissaient pas les charges ; ce qui faisait dire à Charles VII, dans l'ordonnance déjà citée : « Et si sont

» plusieurs desdits bénéfices tournés en grande ruine et » désolation et les études de notredit royaume demeurées » toutes dépourvues d'étudiants et comme désertes. »

Pareillement par l'ordonnance du roi Charles VIII, publiée l'an 1493, art. 88, il est dit que, quand il vaquera un office en la Cour du parlement, *il y sera pourvu de bons et notables personnages du royaume*. Conformément à cette ordonnance, Charles VIII, en établissant pour la Normandie un échiquier à Rouen, ordonna que les présidents et conseillers seraient pris dans le pays. Mais il ne fut pas toujours fidèle au système qu'il semblait vouloir suivre de n'appeler aucuns étrangers aux charges de l'Etat. On sait que la maison d'Anjou avait cédé à Louis XI ses droits sur le royaume de Naples. Déjà la tutrice de Charles VIII, cherchant à attirer des Italiens parmi nous, avait donné à plusieurs des bénéfices, justifiant ainsi la devise de ses armes : *A tout venant beau jeu*. La conquête du royaume de Naples tenta Charles VIII : pour se rendre le pays favorable et trouver un appui dans les Italiens, il en naturalisa un grand nombre à l'exemple de sa sœur, Anne de Beaujeu, et les appela à des offices du royaume. Mais Louis XII, à son avènement au trône, annula en masse toutes les lettres de naturalité accordées par son prédécesseur pour tenir *bénéfices ou offices au royaume, pays et seigneuries de son obéissance*. C'était le même roi qui, comme on lui proposait un jour de marier sa fille Claude avec un prince étranger, répondit : Je ne ferai jamais autre alliance que des souris et rats de mon royaume.

Sous Louis XII lui-même, la faveur reprit son train accoutumé, au point qu'en 1501, le parlement, après avoir modifié les clauses d'un certain nombre de lettres de naturalité présentées à l'enregistrement, arrêta que dorénavant il s'abstiendrait de les vérifier; cependant Henri II, par une ordonnance du 8 octobre 1554, statua que les évêques, archevêques, abbés, prieurs, curés et autres bénéficiers ne pourraient créer ni commettre aucuns vicaires, ni officiers étrangers au royaume.

Cet état de choses dura jusqu'à la ligue : non-seulement alors des Italiens, mais encore des Espagnols vinrent disputer aux nationaux tout ce qu'il y avait de bon et d'avantageux dans le pays. Des réclamations éclatèrent de toutes parts; il fallut mettre un terme à un abus aussi révoltant. Sur les plaintes et doléances faites par les États généraux assemblées à Blois, parut au mois de mai 1575 l'ordonnance dite de Blois : « N'entendons que ci-» après aucun puisse être pourvu d'archevêchés, évêchés, » ni d'abbayes de chef d'ordre, soit par mort, résignation » ou autrement, qu'il ne soit originaire français, nonob-» stant quelque dispense ou clause dérogatoire qu'il » puisse obtenir de nous, à laquelle nous voulons qu'on » ait aucun égard; et quant à ceux de nation étrangère » qui ont esté ci-devant pourvus de bénéfices en ce » royaume, ne pourront avoir ni vicaires, ni fermes en » leurs dits bénéfices, autres que naturels français, à peine » de saisie de leur temporel et de la perte des fruits, » qui seront distribués aux pauvres des lieux (art. 4). » L'art. 276 de la même ordonnance portait : « Nul ne sera » par nous pouvu de capitaineries de places fortes de » notre royaume, qu'il ne soit naturel français. »

Malgré des plaintes si souvent répétées, les souverains ne changèrent pas de conduite. On sait que Concini, venu en France avec Marie de Médicis, s'éleva par le crédit de sa femme à la plus haute faveur ; il acheta le marquisat d'Ancre, fut créé successivement premier gentilhomme de la chambre, gouverneur de Normandie, et enfin, dit Voltaire, premier ministre sans connaître les lois du royaume, et maréchal de France sans avoir jamais tiré l'épée. Tant de faveurs répandues sur un étranger, avaient excité le mécontentement de tout le royaume et surtout des seigneurs ; aussi dans l'année 1617, après la mort de Concini et de sa femme Eléonore Galigaï, le parlement, princes et pairs y séant, rendit-il un arrêt de règlement pour qu'à l'avenir aucun étranger ne fût admis au ministère.

Cependant, sous le règne de Louis XIV, on voit encore un étranger à la tête des affaires, l'Italien Mazarin, qui se fit naturaliser français, et devint ensuite premier ministre. On se rappelle que lors des guerres de la fronde, les princes de Condé, de Conti et le duc de Longueville, ayant été arrêtés en l'année 1651, le parlement rendit un arrêt qui bannissait Mazarin du royaume, et demanda la liberté des prisonniers avec tant de fermeté, que la cour fut forcée d'ouvrir leurs prisons. La même année, justement jaloux du crédit de Mazarin, le parlement rendit un autre arrêt, portant que les cardinaux et les étrangers, même naturalisés, n'entreraient point au conseil d'état et ne seraient pas admis à la participation des affaires de l'état.

Charges des étrangers.

Les droits de chevage et de formariage dont nous avons parlé plus haut, s'évanouirent avec les vestiges des anciennes servitudes. Cependant plusieurs taxes continuèrent d'être imposées aux étrangers. Henri III, par un édit du mois de septembre 1587, ordonna que tous les marchands, banquiers et courtiers étrangers, résidants dans le royaume, seraient obligés de prendre des lettres qui leur tiendraient lieu de naturalité, en payant les sommes auxquelles ils seraient taxés ; et que, dans cette taxe, seraient compris ceux mêmes des étrangers qui avaient obtenu des lettres de naturalité : au moyen de quoi les uns et les autres jouiraient des mêmes priviléges que les règnicoles, et que sur les taxes de ces derniers on déduirait ce qu'ils justifieraient avoir payé pour l'obtention de leurs premières lettres.

Louis XIII, par la déclaration du 29 janvier 1639, ordonna que tous les étrangers résidant ou possédant des biens, offices ou bénéfices dans le royaume, de quelque nation, qualité et condition qu'ils fussent, et leurs premiers descendants, héritiers, successeurs ou donataires de leurs biens, paieraient les sommes auxquelles ils seraient taxés suivant les rôles qui seraient expédiés.

Louis XIV, par les édits des mois de janvier 1646 et mai 1656, ordonna que les étrangers habitués en ce royaume et leurs premiers descendants, héritiers, successeurs et donataires, seraient confirmés dans la jouissance des droits à eux accordés par leurs lettres de naturalité, en payant les sommes auxquelles ils seraient imposés. Par une déclaration du 27 juillet 1697, ce prince fit payer une nouvelle taxe aux étrangers pour la confirmation de leurs lettres de naturalité.

Dans le commencement de la monarchie, les étrangers étaient incapables de toute espèce d'actes. Comme la propriété du sol rattachait directement au gouvernement, et qu'elle constituait le titre essentiel de la participation au droit politique, cette règle fut admise à savoir que les étrangers ne pourraient posséder aucune chose immobilière. Mais, vers le quatorzième siècle, ils furent déclarés capables des actes du droit des gens, selon la distinction du droit romain : dès lors ils purent vendre, changer, hypothéquer leurs biens, en disposer par donations entre-vifs. Droits dont ils jouissaient.

Deux étrangers, conjoints par mariage, pouvaient se faire un don mutuel et même se donner entre-vifs la propriété de leurs biens.

Quoique l'étranger ne pût pas disposer par testament ou par donation à cause de mort, cependant l'institution contractuelle d'héritier qu'un étranger aurait fait dans un contrat de mariage, soit en faveur de sa femme, soit en faveur de ses enfants, aurait été valable.

Il est certain qu'on regardait comme aubain tout individu né en pays étrangers, alors même qu'il était né de parents français; cependant si dans ce dernier cas, ses parents étaient venus en France, leurs enfants leur succédaient sans lettres de naturalité.

De même, si l'étranger laissait des enfants qui fussent nés en France, ces enfants, comme je l'ai déjà dit, étaient capables de lui succéder.

L'étranger pouvait tester des biens situés hors du royaume; car le roi n'avait aucun droit sur ces biens.

Un édit du 29 décembre 1674 portait permission aux étrangers d'acquérir et de disposer des rentes sur les aides et gabelles, sans qu'il fût besoin ni de lettre de naturalité, ni de résidence dans le royaume.

Formes et effets des lettres de naturalité.

Le vice de pérégrinité pouvait être effacé par des lettres de naturalité : le roi seul pouvait naturaliser. Les lettres de naturalité s'obtenaient en la grande chancellerie : elles devaient être vérifiées en la chambre des comptes, et en outre il était d'usage de les faire enregistrer au parlement, à la chambre des comptes, à la chambre des domaines et bureaux de finances. Cependant un arrêt du conseil du 12 mars 1735 confirma les ordonnances portant attribution à la chambre des comptes, privativement à toutes cours, du droit d'enregistrer les lettres de naturalité.

Les lettres de naturalité étaient sujettes à insinuation : on peut voir sur ce point l'édit du mois de décembre 1703, la déclaration du 20 mars 1708, et l'art. 10 du tarif du 21 septembre 1722 ; mais cette insinuation était une formalité bursale dont l'inobservation n'engendrait qu'une amende, sans opérer la nullité des lettres.

Les étrangers dont les pays étaient conquis, étaient de droit réputés naturalisés, sans qu'ils eussent besoin de lettres : cette espèce de naturalisation ne s'effaçait pas, lorsque, par les traités politiques, le pays conquis retournant à l'ancien souverain, si les habitants venaient fixer leur domicile en France.

On a vu souvent la faveur du commerce opérer une quasi-naturalisation de l'étranger par rapport aux actes y relatifs. C'est ainsi que le règlement du 26 juillet 1778 sur la navigation en temps de guerre, efface entièrement la qualité d'ennemi dans la personne de celui qui possède, sur le territoire français, un établissement commercial antérieur à l'ouverture des hostilités, et ordonne que ses propriétés soient respectées sur mer comme celles de tout régnicole.

Quelquefois des étrangers ont été assujétis à des taxes à cause de leur naissance ; et en les payant ils ont joui des mêmes droits que ceux qui ont obtenu des lettres de naturalité. (*V.* les ordonnances de septembre 1587, de janvier 1639, de janvier 1646, de mai 1656, rapportées plus haut.)

Quels étaient les effets des lettres de naturalité?

L'étranger était rendu capable de succéder, pourvu que les lettres aient été obtenues avant l'ouverture de la succession.

Ses parents nés en France avaient le droit de recueillir

sa succession : ceux nés à l'étranger ne pouvaient lui succéder qu'autant qu'ils avaient été naturalisés, et que les lettres de naturalité avaient été délivrées avant l'ouverture de la succession.

Si l'étranger naturalisé ne laissait aucun héritier regnicole, sa succession appartenait au roi, et non au haut justicier, à titre de déshérence.

L'étranger était rendu capable de disposer par testament. Pour qu'il eût pu disposer au profit d'un étranger, il fallait que celui-ci eût été naturalisé avant la mort du testateur.

Il était rendu capable de profiter d'une disposition testamentaire.

Priviléges accordés à certains étrangers.

A mesure que des communications plus multipliées s'établirent ent France et les états voisins, les étrangers durent trouv s d'obstacles à y venir, plus de sûreté à s'y fixer. Quelques lois de Louis-le-Hutin cherchèrent à produire cet effet. Par une ordonnance du 15 décembre 1315, relative aux franchises des églises et à l'extirpation des hérésies, il approuva (art. 10) une constitution de Frédéric II, dans laquelle cet empereur permettait aux aubains de vivre où ils voudraient, et leur donnait le droit de tester et de disposer librement de leurs biens. Cette constitution de Frédéric était ainsi conçue : « *Omnes peregrini et advenæ liberè hospitentur ubi voluerint : et hospitati si testari voluerint, de rebus suis ordinandi liberam habeant facultatem, quorum ordinatio inconcussa servetur. Si verò intestati decesserint ad hospitem nihil veniat, sed bona ipsorum per manum episcopi loci tractentur, si fieri potest hæredibus, vel in pias causas erogentur.* » Cette constitution, qui est l'authentique *omnes peregrini*, au Code, liv. I, tit 3, loi 28, § 3, était conforme à ce qui avait lieu dans les pays de droit écrit, d'après lequel on ne connaissait pas le droit d'aubaine; car, selon ce droit, les hommes de condition libre qui venaient habiter l'empire, y étaient tenus pour citoyens romains depuis la constitution de Caracalla. De là vient que la province du Languedoc, réglé par le droit romain, a toujours été exempte du droit d'aubaine. Louis XI, en l'année 1475, et Charles VIII, en l'année 1483, la maintinrent en l'exemption de ce droit, et réprimèrent la violence de ceux qui voulaient l'exiger. L'authentique *omnes peregrini* n'a jamais été suivie en France, malgré l'ordonnance de Louis-le-Hutin.

Aux écoliers.

Outre cette loi du mois de décembre 1315, Louis en avait porté une au mois de juillet de la même année. Elle est rendue en faveur de l'université de Paris, ou plutôt de ses écoliers. Le prince y renonce en leur faveur à tous les droits d'aubaine qu'il aurait pu prétendre sur les meubles, livres, hardes, etc.

Deux années auparavant, le 23 avril 1313, Philippe IV avait enjoint de laisser circuler les monnaies prohibées apportées par les étrangers qui venaient à Paris pour étudier. L'exception est d'autant plus remarquable, qu'elle était peu dans l'esprit des lois si multipliées de Philippe IV sur les monnaies.

Aux marchands.

Le commerce attirait aussi en France beaucoup d'étrangers, et c'eût été les éloigner que de ne pas accorder quelques priviléges aux marchands qui venaient trafiquer dans le royaume : aussi voyons-nous le législateur témoigner souvent le désir de leur être favorable.

Par une ordonnance de février 1364, Charles V abolit le droit d'aubaine en faveur des marchands castillans. Le même esprit de protection respire dans une ordonnance postérieure du même roi (juillet 1366); elle accorde aux marchands italiens venant commercer à Nîmes, des priviléges semblables à ceux que l'ordonnance du mois d'avril 1364 accordait aux marchands espagnols.

Les mêmes règles sont établies dans des lettres-patentes de 1378, 1381, 1382, pour des étrangers dont le commerce principal n'eût guère mérité d'obtenir des témoignages particuliers de la protection royale : il s'agit de prêteurs d'argent.

Les maire et jurats de Bordeaux ayant présenté au roi Louis XI une supplication contenant que les étrangers refusaient de s'y établir, parce qu'ils ne pouvaient tester ni disposer de leurs biens, des lettres du mois de juin 1472 octroyèrent à tous les étrangers demeurant à Bordeaux la faculté de tester et de disposer de leurs biens. Les mêmes priviléges furent accordés, en 1470, aux villes de Caen et de Saint-Quentin; en 1472, à la Rochelle; en la même année, à Toulouse; en 1662, à Dunkerque. Un édit du 29 mars 1569 porta exemption du droit d'aubaine en faveur des marchands étrangers qui fréquentaient les foires de Lyon. Cet édit fut renouvelé par Henri III en 1583 et par Louis XIV en 1643. Ces confirmations successives s'expliquent facilement par cette considération que chaque prince ne pouvait disposer des fruits de l'aubaine que pour le temps de sa propre jouissance et pendant qu'il occupait le trône. Il faut remarquer que, d'après ces différents édits, les étrangers venant à Lyon transmettaient leurs successions non-seulement à leurs héritiers régnicoles, mais encore à leurs héritiers nés hors le royaume. Les rois de France cherchèrent aussi, autant que possible, à encourager l'industrie et à détruire toutes les barrières qui pouvaient s'opposer à son développement : ainsi des lettres de Louis XI, à la date du 21 avril 1475, accordent une exemption du droit d'aubaine en faveur de deux habitants de Mayence inventeurs de l'imprimerie, Conrart Hanequis et Pierre Scheffer.

Aux ouvriers.

Par un édit du mois de janvier 1607, portant établissement de la manufacture de tapisseries de Flandre, les sieurs de Comans et de la Planche, étrangers et chargés de l'entreprise, furent anoblis ainsi que leur postérité, et les étrangers qui viendraient y travailler furent déclarés régnicoles sans lettres de naturalité. Cette fabrique étant tombée, Louis XIV en établit une autre à Beauvais par lettres-patentes du mois d'août 1664, dans lesquelles il déclara régnicoles et naturels français les ouvriers qui y auraient travaillé pendant huit ans, à la charge de continuer leur demeure dans le royaume. Par un autre édit d'octobre 1665, portant établissement d'une manufacture de glaces, pareils priviléges furent accordés aux ouvriers vénitiens et étrangers; enfin, en novembre 1667, il exempta du droit d'aubaine les ouvriers de la manufacture des Gobelins.

Aux gens d'armes.

Les intérêts de la guerre amenèrent de nouvelles exemptions. François I.er (15 février 1534) en créa une fort importante, en dispensant du droit d'aubaine les étrangers et les bâtards qui entraient dans ses compagnies d'archers et de gendarmes. D'après l'art. 8 de la déclaration du 30 novembre 1715, tous les officiers, gens de guerre et soldats étrangers servant en France, sans exception, et professant la foi catholique, apostolique et romaine, purent jouir de tous les priviléges des régnicoles, et furent exempts du droit d'aubaine sans obtenir lettres, pourvu qu'ils eussent dix années de service dans les armées du roi. Dans le mois d'avril 1687, une pareille exemption fut accordée aux matelots étrangers après cinq ans de service, et à la charge qu'ils feraient profession de la religion catholique, apostolique et romaine.

Aux ambassadeurs. La qualité dont sont revêtus les ambassadeurs réclamait aussi une exception ; en conséquence, leurs biens passaient, par droits successifs, à leurs parents, quoique étrangers et non naturalisés : par suite du même principe, il leur était loisible de disposer de leurs biens par testament, et ils pouvaient être institués légataires : les gens de leur suite jouissaient des mêmes priviléges.

Mais cette faveur ne s'étendait pas jusqu'aux princes étrangers. On voit, en effet, plusieurs souverains de l'Europe qui, en différents temps, ont obtenu des lettres de naturalité de nos rois. Henri de Valois, ayant été élu roi de Pologne, Charles IX lui fit expédier des lettres-patentes qui furent vérifiées au parlement, le roi y séant, par lesquelles le roi déclara que sa volonté était que son frère, pour son établissement en pays étranger, et ses enfans pour y avoir pris naissance, ne fussent point exclus de la couronne ni des autres droits naturels des Français. Louis XIV donna de pareilles lettres à son petit-fils Philippe V, institué héritier universel de Charles II, roi d'Espagne.

Les habitants de certains pays, comme les Suisses, les Écossais, les Portugais et les Savoyards, furent exemptés du droit d'aubaine.

En outre la France fit successivement avec des princes de l'Europe des traités qui abolirent réciproquement le droit d'aubaine. D'autres traités furent conclus pour le seul prélèvement d'un droit qui était généralement de dix pour cent, connu sous le nom de droit de détraction. Les souverains d'Allemagne ne voulurent jamais consentir à l'abolition totale et réciproque de ce droit. Quand Louis XVI monta sur le trône, le droit d'aubaine était supprimé à l'égard de la plupart des états d'Europe. L'Angleterre était la seule puissance dont les sujets fussent admis à jouir du bénéfice de l'abolition, sans que la réciprocité, du moins pour les immeubles, existât à notre égard. (Édit du 18 janvier 1787.) Mais il faut remarquer que la réciprocité avec l'Angleterre était impossible, attendu que les lois fondamentales anglaises ne permettent pas aux étrangers d'acquérir et de posséder des biens fonds en Angleterre; il résulte évidemment de là qu'ils ne peuvent en laisser.

Nous en avons maintenant fini avec l'ancienne jurisprudence. Nous avons vu quel rôle l'étranger avait joué chez les peuples de l'antiquité, dans les pays coutumiers. Recherchons maintenant la part qui lui a été faite par la législation moderne. Pour cela nous allons le considérer successivement sous deux points de vue : sous le point de vue du droit civil, et sous le point de vue du droit public et politique.

CHAPITRE PREMIER.

DE L'ÉTRANGER ENVISAGÉ SOUS LE RAPPORT DU DROIT CIVIL.

Nous divisons ce chapitre en neuf sections. Nous parlerons 1.° de l'étranger non domicilié; 2.° de l'étranger domicilié; 3.° des statuts réels et personnels; 4.° des contestations entre un Français et un étranger; 5.° des contestations entre étrangers; 6.° du lieu où doivent être assignés les étrangers; 7.° de la contrainte par corps; 8.° de l'exécution et de l'autorité des actes et jugements étrangers; 9.° de l'acquisition de la qualité de Français.

SECTION I.

De l'étranger non domicilié.

D'après l'art. 11 du Code civil, l'étranger jouit en France des mêmes droits civils que ceux qui sont accordés aux

Français par les traités de la nation à laquelle il appartient. On sait que cette disposition n'est passée dans notre Code qu'après de longues discussions. Il s'agissait au Conseil d'Etat de savoir si l'étranger qui continue de résider dans son pays, et qui ne manifeste pas l'intention de devenir Français, jouirait en France des droits civils, ou s'il fallait, d'après les lois d'une juste réciprocité, restreindre ces droits à ceux dont un Français peut jouir dans le pays de cet étranger. Or voici dans quel état la question se présentait.

Droits d'aubaine aboli par la constituante.

Par son décret du 6 août 1790, l'Assemblée constituante avait supprimé les droits d'aubaine et de détraction.

« L'Assemblée constituante considérant que le droit » d'aubaine est contraire aux principes de fraternité qui » doivent lier tous les hommes, quels que soient leur pays » et leur gouvernement ; que ce droit établi dans des temps » barbares, doit être proscrit chez un peuple qui a fondé » sa constitution sur les droits de l'homme et du citoyen, » et que la France libre doit ouvrir son sein à tous les » peuples de la terre, en les invitant à jouir, sous un gou- » vernement libre, des droits sacrés et inaltérables de l'hu- » manité, a décrété et décrète ce qui suit : Le droit d'au- » baine et celui de détraction sont abolis pour toujours. »

Mais ce décret n'abolissant que les droits d'aubaine et de détraction, l'usage existait toujours en France de succéder aux Français qui ne laissaient que des héritiers étrangers. L'art. 3 du décret du 8 avril 1791 supprime cet autre droit en faveur des héritiers étrangers, sans condition de réciprocité : « Les étrangers, porte la loi, quoique établis » hors du royaume, sont capables de recueillir en Frace » les successions de leurs parents même français : ils pour- » ront de même recevoir et disposer par tous les moyens » qui seront autorisés par la loi. »

Ces diverses dispositions ont été écrites dans la constitu- du 3 septembre 1791, tit. VI : « La constitution n'admet » point le droit d'aubaine : les étrangers, établis ou non » en France, succèdent à leurs parents étrangers ou fran- » çais. Ils peuvent contracter, acquérir, et recevoir des » biens situés en France, et en disposer, de même que tout » citoyen français, par tous les moyens autorisés par la » loi. » — La constitution du 5 fructidor an III avait en- core reproduit les mêmes règles : « Les étrangers, porte » l'art. 335, établis ou non en France, succèdent à leurs » parents étrangers ou français : ils peuvent contracter, » acquérir et recevoir les biens situés en France, et en dis- » poser, de même que les citoyens français, par tous les » moyens autorisés par les lois. »

Les rédacteurs du Code civil avaient donc à se prononcer sur le point de savoir s'il fallait maintenir ou rapporter ces diverses décisions. A peine quelques années s'étaient écou- lées, et déjà on ne partageait plus les sentimens de gé- nérosité qui avaient inspiré à la Constituante son décret du 6 août. La France alors en guerre avec presque toutes les puissances de l'Europe, était loin de regarder, à l'exemple de cette Assemblée, tous les hommes comme des frères ; et elle semblait n'avoir tenu aucun compte de ces principes d'équité et de justice consacrés dans ce même décret de 1791, qui n'admettait pas le droit d'aubaine et qui disait : « La nation française renonce à entreprendre » aucune guerre dans la vue de faire des conquêtes, et » n'emploiera jamais ses forces contre la liberté d'aucun » peuple. » Sous l'empire des idées qui remplissaient tous les esprits, l'abolition réciproque devait être considérée comme plus utile qu'une abolition gratuite.

Cependant, le décret du 6 août avait encore des partisans. Ces derniers rappelaient combien d'écrivains avaient flétri le droit d'aubaine. Bouteiller, dans son vieux langage, n'avait-il pas dit que c'était là un droit hayneux? Montesquieu ne l'avait-il pas dénoncé à toutes les nations comme un droit insensé? Des économistes modernes, Letrone et Necker, n'avaient-ils pas mis en principe qu'il portait plus de préjudice à l'état qui le percevait qu'à l'étranger qui le supportait? N'est-il pas, disait-on, avantageux que les étrangers viennent en France; qu'ils y apportent leurs richesses, leur industrie, leur consommation; qu'ils augmentent le nombre des régnicoles?.... On répondait que l'exemple donné par l'Assemblée constituante n'avait été suivi par aucune nation; que, depuis l'abolition absolue du droit d'aubaine, de tous les peuples qui n'avaient pas auparavant traité avec la France il n'en était pas un seul qui eût changé de législation. On ajoutait : S'il est bon pour nous que les étrangers riches viennent s'établir ou séjourner parmi nous, il est encore meilleur que les Français pauvres aillent s'enrichir chez l'étranger; qu'ils y portent nos mœurs, nos sciences, nos beaux-arts, notre langage, nos modes, nos goûts; qu'ils y ouvrent ainsi des débouchés pour nos productions superflues, et que les capitaux qui auront été le fruit de leur industrie, puissent revenir en France avec sûreté, nonobstant la mort qui peut avoir interrompu le cours de leurs affaires. Notre abolition gratuite de tout droit sur les successions ne pourvoit point à un intérêt si digne d'attention. Nous laissons les Français sortir de leur pays avec l'esprit de retour, à la merci des droits de détraction et d'aubaine; nous laissons les états étrangers succéder, au préjudice des Français, à ceux qui auront acquis une naturalité temporaire chez l'étranger. Certes il serait bien juste de faire, à l'égard d'une portion intéressante de notre population même, l'équivalent de ce qu'on fait pour acquérir une population étrangère.

La commission ne s'écarta pas beaucoup des principes proclamés par le décret du 6 août; son article était ainsi conçu : « Les étrangers jouissent en France de tous les » avantages du droit naturel, du droit des gens et du droit » civil proprement dit, sauf les modifications établies par » les lois politiques qui les concernent. » Cette rédaction fut critiquée par les Cours d'appel de Paris et de Rouen : on n'entendait pas ce que la commission avait voulu dire par ces mots *droit civil proprement dit*, ce qui suppose un autre droit civil pris dans une acception plus large.

Travaux préparatoires du Code civil.

La section de législation se prononça contre le système de l'Assemblée constituante : elle proposait de décréter que « l'étranger jouit en France des mêmes droits civils » que ceux accordés aux Français par la nation à laquelle » cet étranger appartient ». C'était le système de la réciprocité pure et simple.

Avant de prendre un parti, le premier consul nomma une commission composée de MM. Rœderer, Portalis et Tronchet, pour lui présenter le tableau des rapports que les traités avaient établis entre la France et les autres nations, en ce qui concernait les droits civils, afin de pouvoir en conclure plus facilement s'il était de l'intérêt de la France de révoquer les faveurs accordées par les lois de 1790 et 1791. Il est évident qu'on transformait en pure question de fait, de convenance et d'utilité, en une simple question de *théorie politique*, comme s'exprimait lui-même le rapporteur, les termes d'un problème de droit.

Il résulte du rapport de M. Rœderer qu'avant la révolution, seize états avaient stipulé, par des traités avec la

France, l'abolition du droit d'aubaine, sans restriction ni réserve ; que l'abolition toute gratuite de ce droit, prononcée par la loi de 1790, n'avait profité qu'à la Prusse, aux états du Pape, à la Turquie, à Gênes, à quelques petites principautés d'Allemagne, et enfin à la Suède, relativement aux successions immobilières seulement ; que ce même décret du 6 août 1790 avait aboli pour la France, et réservait gratuitement pour quatre-vingts états étrangers, des droits de détraction dont les uns étaient indéterminés, dont d'autres, et c'était le plus grand nombre, étaient réglés à 10 pour 100, et dont d'autres enfin, au nombre de trois seulement, à 5 pour 100 de la valeur des successions. De plus, d'après le décret de 1791, les sujets de toutes les puissances étrangères succédaient en France, sans condition de réciprocité, aux Français dont ils étaient héritiers, soit légitimes et naturels, soit testamentaires.

Système du Code civil.

Ces résultats amenaient M. Rœderer à conclure à l'admission de l'article proposé par la section de législation. Son opinion fut suivie par les rédacteurs du Code civil, et le système de la réciprocité pure et simple fut consacré par l'art. 11.

Les art. 726 et 912 du même Code ne sont que des corollaires du principe émis dans l'art. 11. L'art. 726 dispose : « Un étranger n'est admis à succéder aux biens que son » parent, étranger ou Français, possède dans le territoire » du royaume, que dans les cas et de la manière dont un » Français succède à des parents possédant des biens dans » le pays de cet étranger, conformément aux dispositions » de l'art. 11, au titre de la jouissance et de la privation » des droits civils. » L'art. 912 porte : On ne pourra dis- » poser au profit d'un étranger que dans le cas où cet » étranger pourrait disposer au profit d'un Français. »

Il faut remarquer que ni l'art. 726, ni aucun autre article du Code ne privent les Français du droit de succéder aux étrangers leurs parents décédés, sur leurs biens situés dans le royaume. Il résulte aussi de l'art. 912 que, même avant la loi de 1819, un étranger pouvait disposer, par testament ou par donation, au profit d'un Français, quoiqu'il n'existât pas de traité établissant un droit de réciprocité entre les nations. En résumé, le droit d'aubaine n'a pas été rétabli par le Code civil d'une manière complète.

D'un autre côté, notre Code s'est montré plus sévère que l'ancienne jurisprudence : ainsi, nous avons vu que l'étranger était capable de recevoir par donation entre-vifs, ce que lui refuse l'art. 912. L'enfant de l'étranger né en France lui succédait : il y avait même plus ; l'enfant né dans un pays étranger pouvait venir, conjointement avec son frère né en France ou naturalisé, à la succession du père commun. Ces droits n'ont pas certainement été conservés par le Code civil.

La réciprocité exigée par le Code pour rendre un étranger capable de recevoir en France, à titre de succession ou de donation, s'entendait non-seulement de nation à nation, mais encore d'individu à individu : ainsi un moine, incapable de succéder dans son pays, était frappé en France de la même incapacité.

Du reste, le droit d'aubaine était facultatif pour le gouvernement : s'il ne l'avait pas exercé, et s'il avait, au contraire, donné main-levée du séquestre qui frappait un immeuble compris dans la succession d'un étranger, il avait manifesté par là l'intention de ne pas user de ce droit.

De nouvelles réflexions ayant fait sentir que le système du Code civil était contraire aux intérêts de la France, la Loi du 14 juillet 1819.

Chambre des Pairs prit, le 30 janvier 1819, une résolution portant que le roi serait supplié de proposer un projet de loi pour le rétablissement de la législation relative aux étrangers, sur le pied réglé par les lois de 1790 et 1791. Les vœux émis par cette Chambre furent accueillis : de là la loi du 14 juillet 1819, qui abrogea les art. 726 et 912 du Code civil. L'art. 1.er de cette loi est ainsi conçu : « Les » art. 726 et 912 sont abrogés : en conséquence, les étran- » gers auront le droit de succéder, de disposer et de rece- » voir de la même manière que les Français dans toute » l'étendue du royaume. »

Cette loi eut peu d'opposants, surtout à la Chambre des Députés, où elle fut adoptée sans aucune discussion. Dans l'autre Chambre, M. Boissy d'Anglas monta plusieurs fois à la tribune pour combattre le système de réciprocité établi par le Code civil. « Un gouvernement sage et éclairé, » disait-il, doit-il soumettre aux événements d'une négo- » ciation plus ou moins facile, ce qui peut dépendre uni- » quement de la volonté souveraine? Pouvons-nous ne » pas avoir la volonté, comme nous en avons le pouvoir, » de supprimer chez nous ce qui nous nuit? N'est-ce pas » forcer l'application de ce système de réciprocité, que » presser les autres états de faire vers leur prospérité » particulière les mêmes pas que nous ferions vers la » nôtre? N'y a-t-il pas telle puissance qui serait forcée » à nous répondre que sa prospérité se soutient par des » mesures absolument contraires à celles qui augmentent » la nôtre?...... Il est et il doit être de règle que chacun » fasse, de son côté, ce qui lui convient le mieux, et la » bonne intelligence n'en est que plus fortement établie, » n'en est que plus rarement troublée, puiqu'on respecte » ainsi les droits et les habitudes de chacun, au lieu de

» s'agiter les uns les autres pour établir respectivement » les dispositions incompatibles avec un intérêt commun » qui ne peut que rarement exister. »

Une remarque importante, c'est que, lors de la discussion du Code civil et de la loi de 1819, on ne parla que du droit d'aubaine proprement dit, c'est-à-dire du droit qu'avait le fisc de succéder à un étranger; mais il n'y fut jamais question du droit qu'a l'étranger de succéder à un Français. Il semble que ces deux droits aient été confondus, et qu'on ait compris, sous cette dénomination du droit d'aubaine, toute espèce de droit excluant les étrangers des successions ouvertes sur notre territoire, comme l'a fait Vattel, dans son livre II, chap. 8, § 112, en disant : « Le droit d'aubaine est celui par lequel les étrangers sont » exclus de toute succession dans l'état, soit aux biens » d'un citoyen, soit à ceux d'un étranger. » Pourtant, l'ancienne jurisprudence ne s'y était pas trompée : lorsqu'on abolissait en faveur d'un étranger le droit d'aubaine, et qu'on voulait en même temps qu'il pût succéder à un Français, on avait soin, après avoir exprimé que l'étranger serait exempt du droit d'aubaine, d'ajouter en propres termes, ou en termes équivalents, qu'il pourrait en outre succéder aux Français. Si cette dernière concession n'était pas formellement énoncée, l'étranger, exempt du droit d'aubaine, pouvait à la vérité succéder à l'étranger, mais il restait incapable de succéder aux Français. Ainsi, quoique, d'après le traité d'Utrecht de 1713 et les lettres-patentes ou la déclaration de 1739, les Anglais exempts de l'aubaine pour les biens meubles, pussent recueillir les successions mobilières de leurs compatriotes décédés en France; cependant le parlement de Paris, confirmant une sentence du Châtelet, jugea, le 12 août 1758, que

Confusion dans laquelle sont tombés le Cod. civ. et la loi de 1819.

cela ne les rendait pas capables de succéder aux biens meubles des Français ; et l'arrêt du parlement fut confirmé lui-même au conseil le 28 octobre 1768. On peut citer encore les lettres-patentes données par Henri IV en faveur des sujets de l'ancienne république de Genève : quoique ces lettres abolissent le droit d'aubaine pour les biens meubles et immeubles à la fois, cependant le même parlement jugea encore, le 1.er avril 1729, que cette abolition ne rendait pas les Genevois capables de succéder en France aux Français.

L'Assemblée constituante avait aussi su parfaitement distinguer ; car, après le décret du 6 août 1790, le droit d'aubaine fut reconnu n'être que celui que le fisc s'arrogeait de confisquer les biens de l'étranger, lors de son décès : tellement qu'il fallut le décret du 8 avril 1791 pour le rendre capable de recueillir les successions françaises. Nous l'avons déjà dit, au Conseil d'état on ne songea qu'à combattre le droit d'aubaine ; et cependant les art. 726 et 912 abrogent et le droit d'aubaine proprement dit et le droit qu'avait l'étranger de succéder à un parent français, et de recevoir d'un Français par donation ou testament. Un étranger, dit l'art. 726, n'est admis à succéder aux biens que son parent *étranger* ou *Français*..... L'art. 912 porte qu'on ne pourra disposer au profit d'un étranger, sans distinguer si celui qui prétend disposer est étranger ou Français. A la Chambre des Pairs, on ne distingua pas davantage. Il fut dit qu'il s'agissait seulement de l'abolition du droit d'aubaine ; et pourtant on abrogea les art. 726 et 912, et on releva ainsi les étrangers de toute incapacité en matière de succession et de dispositions soit entre-vifs, soit testamentaires.

Je crois qu'on a été trop loin, et qu'on devait distinguer

entre la succession laissée par un étranger et celle laissée par un Français. Je comprends très bien qu'il soit permis à un étranger de laisser sa succession à ses héritiers naturels, ou de faire telles dispositions qu'il jugera convenables au profit de telles ou de telles personnes. Les raisons qu'a fait valoir M. Boissy d'Anglas ont alors toute leur force et leur puissance. Il est alors vrai de dire que les étrangers ne seront pas empêchés d'apporter chez nous leurs richesses, leur commerce, leur industrie, et que tous ces avantages ne sauraient être compensés par les 40,000 fr. que rapportait, suivant les calculs de Necker, le droit d'aubaine. Mais d'autre part, y a-t-il réellement avantage à ce que la succession d'un Français appartienne à l'étranger, ou à ce qu'une donation ou un testament d'un Français au profit d'un étranger puisse produire tout son effet? Il est évident qu'il n'y a pas dans ce cas les mêmes raisons de décider que dans l'autre; car l'étranger aura droit à la succession du Français, non pas seulement lorsqu'il sera en France, mais encore lorsqu'il n'aura pas abandonné sa patrie; par conséquent les motifs qu'on faisait valoir au Conseil d'état reprennent ici toute leur autorité, tandis qu'on ne peut puiser aucun argument dans les motifs tirés des avantages qu'il y a à attirer chez nous les étrangers et à leur rendre facile l'entrée de la France. Les étrangers resteront chez eux, ne perdront aucun des priviléges que leur accorde leur patrie, et pourtant ils jouiront d'une partie de nos droits civils! voilà un résultat qui est évidemment contraire aux intérêts de la France. Un Français même pourra quitter le royaume, aller se faire naturaliser dans d'autres pays; et il y sera d'autant plus porté, qu'il n'aura pas à craindre de perdre les successions qui lui écherront dans la patrie qu'il a répudiée.

Droits dont jouit l'étranger.

Je reviens aux droits dont jouit l'étranger en France ; j'ai dit qu'il jouissait des mêmes droits civils que ceux qui sont accordés aux Français par les traités de la nation à laquelle cet étranger appartient. Le projet admettait l'étranger à la jouissance des droits civils dont l'exercice aurait été accordé aux Français par la loi du pays de cet étranger ; mais le Tribunat, en proposant la rédaction : « L'étranger jouira en France des droits civils déterminés » par les traités, faits avec la nation à laquelle il appar- » tient ou par les lois françaises », fit observer qu'elle offrait l'avantage de ne pas faire dépendre la législation française, à l'égard des étrangers, de la législation particulière des étrangers à l'égard des Français. A cette époque « les traités de paix, d'alliance et de commerce étaient » encore proposés, discutés, décrétés et promulgués » comme des lois. » (Const. de l'an. VIII, art. 60.)

D'après la loi de 1819, l'étranger peut succéder aux biens que son parent étranger ou Français possède dans le teritoire du royaume. Les biens qu'un étranger, décédé sans parents ni héritiers quelconques, a laissés en France, sont acquis au fisc comme ceux possédés par l'indigène qui, à sa mort, ne laisserait aucun héritier. L'étranger peut aussi profiter des avantages qui lui sont faits soit par donation, soit par testament.

L'art. 2 de la loi de 1819 s'exprime ainsi :

« Dans le cas de partage d'une même succession entre » des cohéritiers étrangers et Français, ceux-ci prélève- » ront, sur les biens situés en France, une portion égale » à la valeur des biens situés en pays étranger, dont ils » seraient exclus à quelque titre que ce soit, en vertu » des lois et des coutumes locales. »

Voici comment M. Boissy d'Anglas expliquait cette

disposition dans son rapport à la Chambre des Pairs :

« Un sujet d'Angleterre meurt laissant deux lignées ;
» un fils établi à Londres et des petits-enfants nés en
» France d'une fille mariée à un Français, et qui est morte
» avant son père. La succession immobilière est située
» dans les deux pays : les lois sur le droit d'aubaine sont
» abolies parmi nous ; mais elles ne le sont pas en An-
» gleterre. L'Anglais vient partager ici avec les enfants
» de sa sœur les biens que son père y a laissés, et il n'y
» rencontre aucun obstacle ; mais, quand ses cosuccès-
» seurs vont à leur tour réclamer à Londres leur part
» dans les biens qui s'y trouvent, on les repousse en leur
» opposant leur qualité de sujets du roi de Fance. On se
» fonde avec succès sur cette même législation de l'au-
» baine que nous proposons d'abolir, et ils sont frustrés
» de tout concours dans la succession de leur aïeul. Ce
» serait le seul cas sans doute où la loi de la réciprocité
» pourrait être regrettée ; mais la loi y a pourvu jusqu'à
» un certain point par l'art. 2 du projet. On considérera
» la succession dont il s'agit comme ne formant qu'une
» seule chose, et quoique les biens qui la composent se
» trouvent en Angleterre et en France, on en détermi-
» nera ici la fixation : les Français recevront d'abord sur
» les biens qui s'y trouveront, la quotité qui leur revien-
» dra sur le tout, conformément aux lois françaises, et
» abandonneront le surplus à ceux qui y auront droit : les
» biens qui seront en France seront pour eux un véri-
» table gage sur lequel ils exerceront une sorte de pri-
» vilége. » (*V.* Moniteur, séance du 19 mai 1818.)

Les étrangers sont capables en France de tout ce qui est du droit des gens : ils sont, par conséquent, habiles à faire toutes sortes de conventions ; ils peuvent s'y marier, ils doivent dans ce cas représenter une autorisation des autorités de leur pays, qui déclareront que le mariage sera considéré comme légitime dans leur pays. (*Circ. min. du 4 mars* 1831.)

Il est certain, en outre, que les étrangers doivent jouir en France des droits civils accessoires aux contrats du droit des gens qu'ils y ont passés, la capacité pour ces contrats renfermant nécessairement la capacité pour les accessoires et pour les suites desdits contrats. De là nul doute que, quoique l'hypothèque soit un droit purement civil, un étranger, pour sûreté d'un engagement contracté en sa faveur, ne puisse stipuler une hypothèque sur les biens d'autrui. D'après le droit des gens, il est permis à un étranger de vendre; par conséquent il aura le privilége du vendeur qui appartient pourtant au droit civil. Toujours d'après les mêmes principes, l'étranger qui est capable de succéder et de recevoir par testament, doit être habile à se prévaloir des priviléges établis par les art. 2103 et 2111 en faveur des cohéritiers et des légataires. L'étranger a le droit d'ester en justice; par conséquent le jugement qu'il obtiendra emportera une hypothèque sur les biens de celui qui aura perdu son procès. Je ne ferais pas plus de difficultés pour admettre que la femme étrangère, capable de contracter mariage valable en France, n'ait sur les biens de son mari étranger, situés en France, une hypothèque légale créée par les art. 2101 et 2135; j'adopterais la même solution, alors même que le mariage aurait été célébré à l'étranger. L'étranger doit être admis à se prévaloir du bénéfice de la prescription.

Les étrangers peuvent acquérir les actions de la banque de France (*décret.* 18 *janv.* 1808, *tit.* I, *art.* 35); obtenir des concessions de mines (*L.* 21 *avril* 1810); poursuivre les contrefacteurs d'un ouvrage littéraire (*décr. fév.* 1810).

S'il est constant que des étrangers habitent une commune, ils jouissent du droit d'affouage et des autres usages communaux auxquels tout habitant est appelé d'après l'ancienne comme d'après la nouvelle législation.

L'étranger peut être arbitre.

L'étranger est exclu de tous les droits civils non accordés aux Français dans son pays par les traités : tel est le vœu de l'art. 11 du Code civil. Cet article ne se trouve pas en effet abrogé d'une manière complète par la loi de 1819; car cette loi n'ayant habilité l'étranger qu'à succéder, disposer et recevoir, elle doit être restreinte à ces sortes de droits civils : il y aura toujours exclusion pour les autres. « On a examiné, disait M. de Serres, si l'on » abrogerait aussi cet article (art. 11); on n'y a vu aucun » avantage..... Les autres droits civils n'ont rien de commun avec celui qu'il nous est avantageux de restituer. » Il ne faut pas cependant assimiler l'étranger au mort civil : le dernier n'est pas capable de tout ce qui emprunte quelque chose du droit civil; mais l'étranger se marie, peut faire des donations, en un mot, il participe à tout les actes du droit des gens, bien que le droit civil les ait soumis à certaines formalités spéciales.

Droits dont l'étranger ne jouit pas.

L'étranger ne saurait être tuteur : c'est là une fonction publique dont il est incapable. Il ne peut être admis au bénéfice de cession (*art.* 905 *Code proc. civ.*) : c'est là une institution purement civile ; d'ailleurs la détention de leurs personnes est la principale, et quelquefois l'unique sûreté de leurs créanciers. Il ne peut adopter ni être adopté, être témoin dans un testament (*art.* 980, *Code civil*); être témoin dans un acte authentique (*loi du* 25 *ventôse an XI.*) Cependant, s'il y avait de justes raisons de croire que l'étranger était Français, les actes auxquels il a concouru ne sont pas nuls; mais il peut être témoin judiciaire, soit dans une enquête, soit dans une affaire criminelle ou correctionnelle; par conséquent il pourra être atteint par les dispositions des art. 263, 264 du Code de procédure civile, et 80 du Code d'inst. crim., s'il n'obéit pas à la citation qui lui est donnée.

La contrainte par corps ne peut être invoquée par l'étranger plaidant contre un étranger (art. 14 de la loi du 21 avril 1832).

Les étrangers ne peuvent être propriétaires de navires français (art. 2 de l'acte de navigation du 21 septembre 1793): le législateur a voulu ne pas créer aux nationaux une redoutable concurrence, ne pas abandonner au caprice d'étrangers, que des déclarations de guerre ou autres événements peuvent chasser de notre sol ou rendre suspects, une branche importante de la propriété publique, et qu'une réduction subite de ceux qui l'exploitent pourrait compromettre: ainsi quoique admis à la propriété du sol, ils ne le sont pas à celle des navires français.

SECTION II.

De l'étranger domicilié.

De l'étranger admis à établir son domicile en France.

D'après la constitution de l'an VIII, l'étranger, avant d'obtenir la qualité de Français, doit résider dix ans en France. S'il eût fallu, pour participer aux droits civils dans sa nouvelle patrie, attendre encore cet espace de temps, il était à craindre qu'un étranger s'exposât difficilement à une espèce de mort civile pour acquérir un titre qui ne lui devait être conféré qu'au bout de dix années; c'est pourquoi l'art. 13 du Code civil admet l'étranger autorisé à établir son domicile en France, à jouir des droits civils tant qu'il continue de résider. Car, ainsi que disait M. Boulay au conseil d'état, quoique son adoption politique ne soit pas encore complète, on doit regarder au moins son adoption comme une adoption civile. Comme il y aurait souvent de l'inconvénient à accorder à l'étranger les droits civils, sans autre condition que la simple déclaration de vouloir se fixer en France, la loi n'a dû y faire participer que celui qui était admis par le gouvernement. Cette autorisation est tellement nécessaire qu'une possession d'état ne pourrait la remplacer, et qu'alors même que l'étranger aurait fixé en France le siége de ses affaires, il ne pourrait y acquérir sans elle un domicile attributif des droits civils : un étranger ne pourrait même pas sans permission acquérir un domicile attributif de juridiction.

Du reste, cette autorisation est précaire de sa nature; le roi peut la retirer quand il le veut : dans ce cas, ses effets cessent pour l'avenir.

L'étranger, en quittant la France, cesse aussi de jouir de nos droits civils. Toutefois une simple interruption ne suffirait pas pour l'en priver : il faudrait qu'il y eût cessation absolue de résidence.

Il est clair que malgré l'autorisation qu'il a obtenue, l'étranger conserve toujours cette qualité : ainsi, ses enfants seront étrangers comme lui, qu'ils aient été conçus ou nés soit avant, soit depuis sa résidence en France.

D'après l'art. 22 du Code civil, les condamnations à des peines dont l'effet est de priver celui qui est condamné de toute participation aux droits civils, emporteront la mort civile. La loi ne fait pas de distinction entre le Français et l'étranger, lorsqu'il intervient contre eux une condamnation criminelle ; les art. 28 et 42 du Code pénal ne distinguent pas davantage : ainsi, soit que l'étranger jouisse en France des droits civils en vertu de la réciprocité accordée aux Français dans son pays, soit qu'il en jouisse par suite de l'autorisation à lui donnée de résider en France, cette jouissance doit cesser par l'effet des condamnations prononcées contre lui, lorsqu'elles sont de nature à l'en priver totalement ou partiellement.

SECTION III.

Statuts personnels et réels.

Statuts personnels. Les lois qui règlent l'état et la capacité de la personne suivent le membre de la cité, et le régissent en quelques lieux qu'il se trouve. « Comment s'en étonner, dit M. Guizot, dans son histoire de la civilisation française ; c'est » là une conséquence du principe même sur lequel nos » sociétés sont aujourd'hui fondées. Dès que la qualité » de membre de la société ne provient pas du consentement de l'individu, dès que c'est là un fait indépendant » de lui, une simple conséquence de ce qu'il est né de » tels ou tels parents, sur tel ou tel territoire, évidemment il n'est pas en son pouvoir d'abolir ce fait : il » n'est au pouvoir de personne de n'être pas né de parents français sur le territoire français. L'homme ne » peut dans ce système renoncer absolument à la société » dont il fait partie : elle est pour lui primitive et fatale ; » sa volonté ne l'a pas choisie ; sa volonté ne peut l'en » séparer tout entier. »

Les lois qui régissent l'état et la capacité des personnes forment ce qu'on appelle un statut personnel.

Pour se marier en France, il faut être capable de le

faire suivant les lois de son pays : ainsi l'étranger pourra se marier en France avant l'âge de dix-huit ans, s'il le peut dans son pays. Deux époux étrangers, mariés dans leur pays sous l'empire de lois qui prohibent le divorce, n'auraient pas été recevables à le faire prononcer en France à l'époque où il était permis entre Français.

Les qualités de père et d'enfant légitime naturel ou adoptif sont évidemment réglées par les lois personnelles; c'est pourquoi un Français enfant naturel légitimé par le mariage subséquent de ses père et mère, conformément à l'article 331 du Code civil, sera légitimé même en Angleterre, où n'est pas admise la légitimation par mariage subséquent ; et réciproquement le bâtard anglais, non légitimé en Angleterre par le mariage, sera tenu pour bâtard en France. Lorsqu'un étranger se soumet à la juridiction des tribunaux français pour faire prononcer sur le désaveu qu'il fait d'un enfant dont sa femme est accouchée en France, ce n'est que d'après les lois de son pays que les tribunaux français peuvent décider si cet enfant est légitime ou non.

Le religieux étranger qui est constitué par la loi de son pays en état de mort civile, ne pourrait pas recueillir en France une succession qui serait ouverte à son profit, même quand il réunirait, abstraction faite de ses vœux solennels, toutes les conditions nécessaires pour y succéder.

Mais il faut remarquer que le statut personnel est impuissant contre tout ce qui tient à l'ordre public : de là résulte que la qualité d'époux divorcé, ne suit pas l'étranger de manière à l'autoriser à contracter en France un second mariage; que si une femme mariée pouvait contracter dans sa patrie sans l'autorisation de son mari, elle ne le pourrait pas en France; que l'enfant étranger serait soumis en France à la puissance paternelle, et que le père pourrait invoquer contre lui les art. 376 et 377 du Code civil.

Statuts réels. Les lois qui s'occupent des choses en elles-mêmes et qu'on appelle lois réelles, doivent régir les biens situés dans les pays pour lesquels elles sont faites et s'appliquer à leurs possesseurs même étrangers. « La souveraineté, » disait M. Portalis, est indivisible; elle cesserait de » l'être, si les portions d'un même territoire pouvaient » être régies par les lois qui n'émaneraient pas du même » souverain. Il est donc de l'essence même des choses, » que les immeubles, dont l'ensemble forme le territoire » public d'un peuple, soient exclusivement régis par les » lois de ce peuple, quoiqu'une partie de ses immeubles » puisse être possédée par des étrangers. »

Voici quelques exemples de statuts réels.

L'étranger serait exproprié de ses immeubles situés en France, conformément à la loi française.

Il ne pourrait les hypothéquer conventionnellement, même en pays étranger, qu'en observant les dispositions des art. 2127, 2128 et 2115 du Code civil.

Les lois qui règlent la capacité de disposer des biens devraient aussi être considérées comme réelles.

Quant au mobilier, comme il est censé se trouver dans le domicile du défunt, d'après l'adage *mobilia ossibus personæ inhærent*, on a reconnu, dans toutes les législations, qu'il doit être régi par les lois du domicile : ainsi on règlera par la loi domiciliaire de l'étranger possesseur de meubles en France, soit la disponibilité testamentaire ou entre-vifs, soit la succession *ab intestat* des biens de cette nature qui, à sa mort, se trouveront sur le territoire français. Il y a plusieurs exceptions à ce principe en ce qui concerne les voies d'exécution, *verbi gratiâ*, les ventes, les saisies : on observe la loi du lieu où les meubles se trouvent.

SECTION IV.

Contestation entre un Français et un étranger.

Je m'occuperai successivement du cas où l'étranger est défendeur et de celui où il est demandeur.

§ I. *Etranger défendeur.* — L'art. 14 du Code civil permet de citer l'étranger devant nos tribunaux, pour l'exécution des obligations qu'il a contractées en France ou en pays étranger avec un Français. C'est une dérogation à la maxime *Actor sequitur forum rei.* Le motif qu'on en a donné au Conseil d'état, est que les jugements étrangers n'étant pas exécutoires en France, ce serait dénier la justice aux Français, que de ne pas les autoriser à traduire devant leurs juges naturels un débiteur étranger, quand l'obligation peut être réalisée en France sur sa personne ou sur ses biens : en outre, le législateur a dû prendre en considération la difficulté pour un Français d'obtenir justice contre un étranger devant les tribunaux de la patrie de celui-ci.

Pour qu'un étranger puisse être traduit par un Français devant une juridiction française, en paiement d'une obligation qu'il a contractée soit en France, soit en pays étranger, il n'est pas nécessaire qu'il soit trouvé en France. La première rédaction de l'art. 14 faisait à cet égard une distinction. Pour les dettes contractées en France, elles permettait indéfiniment de citer l'étranger devant les tribunaux français ; « et s'il est trouvé en France, ajoutait-elle, » il peut être traduit devant les tribunaux de France,

7

» même pour des obligations contractées par lui en pays » étranger envers des Français. « Mais les mots *s'il est trouvé en France* ont été supprimés après une conférence entre le Conseil d'état et le Tribunat ; et de là nul doute que l'étranger qui a contracté hors de France une obligation envers un Français, ne puisse être cité en France, quoiqu'il ne s'y trouve pas, et qu'il faille l'assigner au parquet du procureur du roi.

L'art. 14, par sa généralité, comprend tous les actes par lesquels un étranger peut s'obliger envers un Français, et par conséquent les engagements qui ont pour cause un délit, un quasi-délit ou quasi-contrat, comme ceux résultant d'une convention formelle.

Le domicile du Français dans le pays de l'étranger ne serait pas un obstacle au droit de citer l'étranger devant les tribunaux français pour l'exécution des obligations par lui contractées en pays étranger.

La juridiction des tribunaux français doit se régler par la loi du temps où s'intente l'action plutôt que par la loi du temps où le contrat a été fait ; de là il résulte que :

1.° L'étranger serait justiciable de nos tribunaux pour une obligation contractée hors de France, avant le Code;

2.° L'étranger déclinerait sans succès la juridiction française, sous prétexte qu'à l'époque du contrat il était Français par la réunion, et espérait en conséquence être assigné pour l'exécution devant les juges de son domicile;

3.° Le demandeur qui ne serait pas Français lors de la naissance de l'obligation, et qui aurait acquis cette qualité au temps de l'action, pourrait l'intenter en France.

Le Français peut user du droit qui lui est accordé par l'art. 14 du Code civil, de citer devant les tribunaux français l'étranger qui a contracté envers lui une obligation, alors même que l'étranger n'aurait pas contracté directement avec le Français ; par exemple, lorsque cet étranger n'est devenu débiteur du Français que par l'effet de la cession faite à ce dernier, ou de l'endossement consenti à son profit d'une obligation originairement contractée entre étrangers ou d'une lettre de change tirée et acceptée par des étrangers, et payable en France. Cependant l'étranger pourrait décliner la compétence, s'il prouvait que l'endossement ou la cession n'a eu lieu que dans la vue de le soustraire à ses juges naturels, et de le faire arrêter en France, preuve qu'il doit lui être permis de faire.

L'acquiescement du Français aux procédures commencées en pays étranger le rend non-recevable à citer l'étranger en France pour la même cause.

§ II. *Etranger demandeur.* — Nous avons dit que l'art. 14 permet aux Français de traduire devant les tribunaux français l'étranger obligé envers eux. Non moins juste envers l'étranger, la loi l'autorise à traduire le Français devant les tribunaux de France, pour les obligations contractées par celui-ci, même en pays étranger.

Cependant le droit accordé à l'étranger d'actionner le Français devant nos tribunaux, est subordonné à la condition de donner caution ; autrement il serait trop facile à un étranger qui ne présente aucune garantie pour le paiement des frais et des dommages-intérêts, de vexer impunément un Francais par une attaque imprudente et téméraire.

La loi dispense l'étranger de fournir caution :

1.° Lorsqu'il s'agit d'affaires de commerce : l'intérêt du commerce exige en effet qu'on donne la plus grande facilité aux transactions rapides qu'il nécessite et aux suites qu'elles doivent avoir ;

2.° Lorsque l'étranger demandeur possède en France des

immeubles suffisants pour assurer le paiement des condamnations qui pourraient être prononcées contre lui ; dans ce cas, la loi n'accorde pas au Français hypothèque sur les immeubles de l'étranger. Mais la jouissance d'un droit immobilier ne pourrait dispenser l'étranger de fournir caution.

L'étranger n'aura point à fournir caution si le défendeur ne l'exige pas ; et encore cette caution fût-elle exigée, ne sera due qu'autant que le défendeur l'aura requise avant d'opposer toutes autres exceptions : « Il serait contraire » à toutes les règles de justice et de bienséance, qu'après » qu'un étranger aurait plaidé longtemps devant un tri» bunal, on vînt lui faire l'injure de demander une caution » pour éloigner le jugement. » (*Observat. du Tribunat.*)

La caution que les premiers juges ordonnent de fournir n'est chargée de payer que les frais qui sont faits devant eux : ils tarifent le cautionnement eu égard à l'espèce de la cause et au montant présumable de ce que le demandeur aurait à payer s'il venait à succomber. Mais comme par l'appel une nouvelle instance s'engage entre les parties, et qu'elle doit donner lieu à de nouveaux frais, la caution *judicatum solvi* peut être exigée en cause d'appel ; elle peut être demandée, alors même qu'elle n'a pas été requise en première instance, pourvu qu'elle le soit avant toute exception. L'étranger qui interjette appel d'un jugement dans lequel il figurait comme défendeur, n'est pas tenu de fournir caution ; car l'art. 166 (C. P. C.) n'oblige à la donner qu'aux demandeurs principaux : dans l'origine ayant été défendeur, il a conservé ce caractère dans l'instance d'appel, quoiqu'il se soit rendu appelant. Si l'étranger demandeur a gagné son procès en première instance, et que le défendeur se rende appelant au tribunal supérieur, l'étranger sera encore tenu de donner caution.

SECTION V.

Contestation entre étrangers.

Nous allons examiner séparément les deux objets des contestations dont nous traitons ici : les obligations civiles et les obligations commerciales.

En matière purement civile et mobilière, l'étranger cité devant nos tribunaux par un autre étranger, peut décliner leur juridiction.

§ I. *Des obligations civiles.*—Plusieurs causes peuvent faire déroger à la maxime *Actor sequitur forum rei*, et amener des étrangers devant des tribunaux français :

1.° La nature de l'action : ainsi les étrangers sont justiciables des tribunaux civils de France, pour les actions réelles qu'ils intentent ou qui sont intentées contre eux à raison d'immeubles situés en France ; c'est là la conséquence de l'art. 3, qui veut que les immeubles possédés en France par des étrangers soient régis par la loi française. Nos tribunaux sont, en conséquence, compétents pour connaître de l'action en partage des biens immeubles situés en France, quoique dépendants d'une succession ouverte en pays étrangers, et lorsque les cohéritiers sont étrangers ;

2.° Les traités politiques ;

3.° Le domicile d'une des parties en France autorisé par le roi ;

4.° Le consentement des parties à se soumettre à la juridiction française.

Pour que les tribunaux français soient compétents, il faut l'acquiescement simultané des deux étrangers ; de sorte que si l'étranger défendeur vient à décliner la juridiction française, les tribunaux doivent le renvoyer devant le juge de son domicile. Cette exception d'incompétence doit être proposée préalablement à toutes autres exceptions et défenses. Il faut, en outre, que nos tribunaux consentent à vider le différend de ces étrangers ; car ils ne doivent la justice qu'aux nationaux. Ils peuvent se déclarer incompétents, alors même que le défendeur aurait renoncé expressément ou tacitement au droit de proposer le déclinatoire.

Un étranger ne peut être forcé de faire régler son état par nos tribunaux ; ainsi ils sont incompétents pour prononcer la séparation de corps entre étrangers. Mais un tribunal, tout en se déclarant incompétent pour prononcer sur une demande en séparation de corps entre deux époux étrangers, peut néanmoins indiquer un lieu dans lequel la femme aura la faculté de se retirer pendant le temps reconnu nécessaire pour former sa demande devant les tribunaux de sa patrie. En effet, il est certain que les étrangers résidant en France ont droit par cela seul à la protection des tribunaux français, au moins en ce qui touche leur personne et leur sûreté individuelle. Sous ce rapport, le tribunal du lieu de la résidence devient juge nécessaire des mesures provisoires que peut exiger la situation respective des époux.

L'incompétence des tribunaux français pour statuer sur une question d'état entre étrangers, n'est point absolue ; ils sont véritablement saisis, si les parties ont négligé de la proposer ; car il s'agit seulement d'une incompétence *ratione personæ*.

L'étranger demandeur doit fournir à l'étranger défendeur la caution *judicatum solvi*, si ce dernier la requiert.

Même décision en matière commerciale.

§ II. *Obligations commerciales.* — Nous venons de dire que les étrangers avaient la faculté de prendre pour arbitre un tribunal français, et de lui donner ainsi, par l'effet de leur volonté, une compétence qu'il ne tient pas de son institution. Nous avons vu aussi que le compromis, qui peut être formel, pouvait être aussi tacite lorsqu'un étranger ayant traduit un autre étranger devant un tribunal français, ce dernier ne déclinait pas sa juridiction. Le compromis se forme aussi tacitement pour les obligations contractées dans les foires françaises par des étrangers envers les étrangers. L'art. 8 du titre XII de l'ordonnance de 1673 portait : « Les juges et consuls connaîtront aussi » du commerce fait pendant les foires tenues ès lieux de » leur établissement, si l'attribution n'en est faite aux » juges conservateurs du privilége des foires. » Les auteurs du Code civil n'ont pas voulu s'écarter de cette règle qu'avait fait établir l'intérêt du commerce. L'art. 14 ne préjuge rien de contraire, comme cela résulte du procès-verbal du Conseil d'état à la date du 6 thermidor an IX. On délibérait sur l'art. 14, lorsqu'un orateur, M. Defermont, manifesta la crainte que cet article, en paraissant interdire aux étrangers entre eux l'accès des tribunaux, ne les éloignât de nos foires et de nos marchés ; M. Réal répondit que, dans ce cas, les tribunaux de commerce prononçaient ; M. Tronchet ajouta que la nature des obligations contractées en foire ôtait à l'étranger défendeur le droit de décliner la juridiction des tribunaux français, et que l'on ne pouvait tirer de l'article en discussion aucune conséquence contraire.

Exception pour les marchés faits dans les foires.

Il résulte de cette discussion que les étrangers sont soumis aux lois françaises pour les marchés qu'ils ont faits dans les foires françaises ; mais cette exception doit être restreinte aux marchés faits dans les foires, et n'est pas commune à tous les actes de commerce faits en France par des étrangers. Dans le cas même où ces derniers viendraient d'un commun accord plaider devant un tribunal français, ce tribunal peut se déclarer incompétent ; aucune loi n'oblige ici ce tribunal à juger les parties qui ne sont pas ses justiciables : ainsi l'art. 420 du Code de procédure civile ne peut régir les étrangers qui ont contracté entre eux ; cet article n'est fait que pour les nationaux. On chercherait vainement à se prévaloir de ce qui se pratique dans les foires françaises : je le répète, c'est là une exception qui ne peut pas être arbitrairement étendue à toutes les transactions commerciales.

D'après l'art. 17, tit. II, liv. I de l'ordonnance de la marine de 1681, l'étranger était justiciable des tribunaux français, lorsque le contrat passé en France avait pour objet la construction, l'équipement, l'approvisionnement, la vente des navires. Mais ces dispositions ont été abolies, d'abord, en ce qui concerne la compétence de l'amirauté, par les lois du 24 août et 7 septembre 1790 et 9 août 1791, qui ont attribué aux tribunaux de commerce la connaissance de ces sortes d'affaires, et ont supprimé l'amirauté ; ensuite elles ont été abolies, pour le fonds, par l'art. 633 du Code de commerce combiné avec l'art. 2 de la loi du 15 septembre 1807 : en effet, les matières dont s'était occupé l'article de l'ordonnance de 1681 ont été traitées dans le Code de commerce, sans qu'il y soit fait mention des étrangers ; et la loi du 15 septembre dispose que toutes les anciennes lois, touchant les matières commerciales sur lesquelles il a été statué par le Code, sont abrogées.

SECTION VI.

Où et comment doit être assigné un étranger.

Anciennement l'usage était que, pour ajourner un étranger, l'huissier y procédait à son de trompe sur la frontière du royaume. Cette formalité dispendieuse et ridicule a été abrogée par Louis XIV. L'art. 7, tit. II de l'ordonnance de 1667, porte : « Les étrangers qui seront hors le » royaume, seront ajournés ès hostels de nos procureurs » généraux des parlements, où ressortiront les appella» tions des juges devant lesquels ils seront assignés ; et » ne seront plus données aucunes assignations sur la fron» tière. »

D'après l'art. 69 du Code de procédure, ceux qui sont établis chez l'étranger doivent être assignés au domicile du procureur du roi près le tribunal où sera portée la demande, lequel visera l'original et enverra la copie au ministre des affaires étrangères. « Le Code de procédure, » dit M. Boncenne, dans sa *Théorie du Code de procédure*, » ne parle pas expressément des assignations à donner aux » étrangers ; cependant ils peuvent être justiciables de » nos tribunaux, soit en matière réelle pour leurs immeu» bles situés en France, soit en matière personnelle pour » l'exécution des obligations contractées avec un Français » en France ou en pays étrangers. Mais il y a analogie si » parfaite, quant à la remise de l'exploit entre l'étranger » et l'individu établi chez l'étranger, qu'il est impossible » de supposer que la pensée du législateur, mal exprimée » sans doute, n'ait pas compris l'un et l'autre dans la » même disposition : autrement il faudrait recourir à l'or» donnance de 1667. »

Aux termes de l'ordonnance de 1667, les procureurs généraux recevaient l'assignation, mais n'avaient en aucune sorte à s'inquiéter des moyens de la faire parvenir à l'étranger qu'on assignait : ainsi Rodier disait que le procureur général déposait l'exploit remis en ses mains dans un coffre particulier, et que c'était alors aux étrangers qui soupçonnaient avoir quelque procès à démêler en France, à se faire donner, par le parquet, les exploits d'ajournement. Aujourd'hui le procureur du roi doit adresser la copie de l'assignation au ministre des affaires étrangères. L'assignation faite à un étranger est valable, quoique ce magistrat ne l'ait pas transmise au ministre : la partie, qui a rempli toutes les exigences de la loi, ne peut repondre des faits de ce fonctionnaire.

L'assignation donnée à un étranger devant une Cour d'appel doit être laissée au domicile du procureur général près cette Cour, et non à celui du procureur du roi. De même, l'étranger doit être assigné devant la Cour de cassation au domicile du procureur général près cette Cour.

L'étranger qui a établi son domicile en France avec l'autorisation du gouvernement doit être assigné à ce domicile; mais l'étranger qui n'aurait en France qu'une simple résidence, devrait être assigné au parquet du procureur du roi.

SECTION VII.

De la contrainte par corps.

De la contrainte par corps à exercer contre les étrangers.

Les règles relatives à la contrainte par corps sont tracées par la loi du 22 avril 1832, qui est venue remplacer la loi du 10 septembre 1807 sur la même matière. Les mesures prises par ces lois vis-à-vis les étrangers se justifient facilement. « L'exercice de la contrainte par corps, » disait M. Treilhard, est souvent le seul moyen de re» couvrer d'un étranger des fonds et des effets qui lui » furent livrés dans ses pressants besoins : je pourrais » même dire que le véritable intérêt des étrangers s'ac» corde avec l'adoption d'une mesure sans laquelle ils » pourraient souvent ne pas trouver aussi facilement des » secours nécessaires dans les occasions urgentes. » La contrainte par corps avait été abolie le 9 mars 1793 comme attentatoire aux droits de l'homme : elle fut rétablie le 24 ventôse an V, puis organisée par la loi du 15 germinal an VI ; mais on y passa sous silence les étrangers. L'omission d'abord relevée faiblement par une loi du 4 floréal de l'an VII, ne fut complétement réparée que par celle du 10 septembre 1807, laquelle fut rendue, suivant ce que rapporte M. Merlin, « parce » que des marchands de Paris venaient d'être dupes d'un » grand seigneur russe qui avait disparu sans payer ce » qu'il leur devait. »

Tout jugement qui intervient au profit d'un Français contre un étranger non domicilié emporte la contrainte par corps : ainsi, la contrainte par corps ne peut être exercée que par un régnicole et non par un étranger, alors même qu'il jouirait des droits civils. Mais, d'un autre côté, elle ne peut être invoquée par le Français contre l'étranger qui a été admis à établir son domicile en France. Il résulte des termes de la loi de 1832, que la contrainte par corps a lieu de plein droit et par la seule force de la loi au profit du Français, qu'elle n'a pas besoin d'être demandée, et que le jugement n'a pas besoin d'en faire mention.

Pour que le jugement puisse emporter la contrainte par corps, il faut que la somme principale de la condamnation ne soit pas inférieure à 150 francs ; c'est là une modification apportée à la loi de 1807.

Outre la contrainte par corps dont parle l'art. 1, la loi permet l'arrestation provisoire. Elle en diffère en ce que, sans l'intervention du ministère public, même avant une condamnation, elle peut avoir lieu après l'échéance ou l'exgibilité de la dette : il faut alors que le créancier se hâte de se pourvoir en condamnation ; s'il ne le fait pas, le débiteur pourra demander son élargissement ; la mise en liberté sera prononcée par ordonnance de référé, sur une assignation donnée au créancier par l'huissier que le président aura commis dans l'ordonnance même qui autorisait l'arrestation, et, à défaut de cet huissier, par tel autre qui sera commis spécialement.

Sous l'empire de la loi de 1807, des doutes s'étaient élevés sur la question de savoir si l'art. 780 du Code de procédure s'appliquait à cette arrestation provisoire. Le § 2 de l'art. 32 de la loi de 1832 fait cesser tous ces doutes, en adoptant la jurisprudence uniforme des cours de France. « Néanmoins, porte ce paragraphe, pour les » cas d'arrestation provisoire, le créancier ne sera pas » tenu de se conformer à l'art. 780 du Code de procé- » dure, qui prescrit une signification et un commande- » ment préalable. »

Pour éviter ou faire cesser cette arrestation provisoire, il n'est pas nécessaire que le débiteur acquitte sa dette ; il lui suffit de fournir caution, ou de prouver qu'il possède en France un établissement de commerce ou des immeubles d'une valeur égale au montant de l'obligation.

Sa durée. Une question grave était née du silence de la loi de 1807 sur la durée de la détention de l'étranger. Devait-on se référer à loi du 25 germinal an VI, qui la limite à cinq années, ou bien la prolonger indéfiniment au gré du créancier ? C'était là un problème diversement résolu par les tribunaux. L'art. 17 de la loi de 1832 fait disparaître toute difficulté ; il est ainsi conçu : « La con- » trainte par corps exercée contre un étranger, en » vertu de jugement pour dette civile ordinaire ou pour » dette commerciale, cessera de plein droit, après deux

» ans, lorsque le montant de la condamnation principale
» ne s'élèvera pas à 500 francs;

» Après quatre ans, lorsqu'il ne s'élèvera pas à 1000 fr.;

» Après six ans, lorsqu'il ne s'élèvera pas à 3,000 fr.;

» Après huit ans, lorsqu'il ne s'élèvera pas à 5,000 fr.;

» Après dix ans, lorsqu'il sera de 5,000 fr. et au-dessus.

» S'il s'agit d'une dette civile pour laquelle un Français
» serait soumis à la contrainte par corps, les dispositions
» de l'art. 7 seront applicables aux étrangers, sans que
» toutefois le minimum de la contrainte par corps puisse
» être au-dessous de deux ans. »

La rigueur de la contrainte par corps serait excessive, si elle était prononcée contre des septuagénaires. « A l'âge de » 70 ans, disait M. Bigot-Préameneu, l'homme parvenu à » la dernière période de la vie est courbé sous le poids des » infirmités : la privation des soins et des secours de sa fa» mille est une peine qui peut devenir mortelle. L'huma» nité s'oppose à ce que, pour l'intérêt personnel du créan» cier, la vie de son débiteur soit exposée. »

Ces principes sont vrais, qu'il s'agisse d'un débiteur français ou étranger : ainsi, la contrainte par corps ne doit pas être prononcée contre ce dernier, ou elle cessera dès qu'il aura atteint sa soixante-dixième année, dans tous les cas, si ce n'est un seul, celu de stellionat : la vieillesse ne peut servir d'excuse à une faute si énorme. L'étranger débiteur contre qui aura été prononcée la contrainte par corps pour cause de stellionat, ne pourra pas demander sa mise en liberté après le délai déterminé par l'art. 17 de la loi de 1832, parce qu'il ne s'agit plus d'une dette civile ordinaire : nous restons à cet égard dans les doutes qui existaient sur la durée de la détention sous l'empire de la loi de 1807.

Les femmes étrangères sont déchargées de la contrainte par corps pour dettes civiles, excepté pour stellionat.

SECTION VIII.

De l'exécution et de l'autorité des actes et jugements étrangers.

La forme des actes se détermine par la loi du pays où ils sont reçus.

La forme extérieure des actes est régie par la loi du lieu où ils sont passés, suivant la maxime *Locus regit actum*, lors même qu'ils sont consentis par des étrangers. *Aut statutum loquitur de his*, dit Dumoulin, *quæ concernant nudam ordinationem vel solemnitatem actûs, semper inspicitur statutum vel consuetudo loci ubi actus celebratur* (*leg.* 1, *ff. in. fin. de test. leg. Cod. de emanipat. liberor*). *Sive in contractibus, sive in judiciis, sive in instrumentis aut aliis conficiendis, ita quod testamentum factum, coram duobus testibus in locis ubi non requiritur major solemnitas, valet ubique; idem in omni alio actu.* — Le projet du Code civil érigeait en loi cette maxime *Locus regit actum* : l'art. 6 du titre IV portait en effet : « La » forme des actes est réglée par les lois du lieu dans lequel » ils sont faits ou passés. » Cette disposition fut supprimée dans la rédaction définitive, de crainte que sa trop grande généralité ne prêtât à des raisonnements faux et dangereux. Cependant on reconnut que la maxime précitée devait conserver toute son autorité sous l'empire de la nouvelle législation : ainsi, en général, ce n'est que par les actes dressés dans la forme voulue par les articles 34 et suivants, que chacun doit justifier de son état. Il peut cependant arriver qu'un étranger soit obligé de justifier en France de son état civil, ne fût-ce que lorsqu'il est appelé à y recueillir une succession, ou qu'il veut s'y marier. On sent qu'il lui est impossible d'en justifier autrement que par des actes reçus dans sa patrie. Il y est admis par analogie de l'art. 47 du

Code civil, d'après lequel tout acte de l'état civil des Français fera foi, s'il est rédigé dans les formes usitées dans ledit pays. Ce principe s'applique au mariage célébré en pays étranger, comme aux autres actes de l'état civil. Cependant la loi exige des publications en France; de plus, elle prescrit au français de retour, un délai dans lequel la transcription de son acte de mariage doit avoir lieu sur les registres de son domicile. Ce délai est de trois mois à partir du retour; néanmoins, il n'y aurait aucune peine attachée à l'inobservation de cette formalité, et le mariage n'en serait pas moins valable.

Autorité des actes publics reçus à l'étranger.

L'hypothèque, quant à la manière de l'acquérir, est du droit civil : elle ne doit découler que d'actes à qui le droit civil a attribué la vertu de la produire. D'après notre Code, elle ne peut résulter que d'actes émanés de l'autorité publique : or, *obligatio extra Galliam contracta pro simplici chirographo est in Gallia;* par conséquent, les actes reçus par des officiers étrangers ne produisent pas hypothèque en France. Sans doute ces actes, comme dit Pothier, ont autorité de créance : « mais, ainsi que le fait observer d'Héricourt, le contrat, passé devant un notaire étranger, ne » peut emporter hypothèque; ce notaire n'ayant reçu son » autorité que d'un prince qui ne peut donner de droit sur » un fonds situé en France. » — « L'on ne pourrait, ajoute » Denisart, donner d'hypothèque aux actes passés en pays » étrangers, sans communiquer aux officiers d'une puis- » sance étrangère, une autorité que le roi seul peut donner » dans le royaume. » Cependant cette opinion n'était pas généralement suivie; toutes les difficultés ne cessèrent même pas en présence de la disposition formelle de l'art. 121 de l'ordonnance de 1629, qui porte : « Les jugements ren- » dus, contrats ou obligations reçus ès royaumes, souve-

» raineté étrangères, pour quelque cause que ce soit, » n'auront aucune hypothèque ni exécution en notre » royaume » ; car, on sait que cette ordonnance ne fut jamais observée dans le parlement de Paris, ni citée comme loi dans les plaidoiries des avocats, et que beaucoup d'autres parlements l'avaient ainsi réprouvée ; l'art. 2128 du Code civil a fait disparaître tous les doutes à cet égard, cet article dispose : « Les contrats passés en pays étrangers ne » peuvent donner hypothèque sur les biens de France, s'il » n'y a des dispositions contraires à ce principe, dans les » lois politiques ou dans les traités. »

Autorité des jugements rendus en pays étrangers.

D'après les mêmes principes, les jugements rendus en pays étrangers n'emportent hypothèque qu'après qu'ils ont été déclarés exécutoires par un tribunal français, sauf la disposition contraire des lois politiques ou des traités. (Article 2123.)

Comme un des principaux attributs de la souveraineté est de rendre exécutoires les jugements des tribunaux et les actes des autres fonctionnaires établis par la loi, le Code de procédure (article 546) porte que les jugements rendus par les tribunaux étrangers et les actes reçus par les officiers étrangers ne sont pas susceptibles d'exécution en France. C'est en effet dans les mains du souverain qu'est remise la force publique ; c'est au nom du souverain que, dans le jugement, les tribunaux ont appliqué la loi : ce n'est qu'en son nom que les officiers ministériels nommés par lui, dépositaires délégués d'une partie de cette force publique, doivent être sommés de l'exercer.

Comment des jugements rendus ou des conventions rédigées à l'étranger, pourront-ils devenir susceptibles d'exécution en France? Ce sera, dit l'art. 546 (C.P.C.), de la manière et dans les cas prévus dans les art. 2123 et 2128 du Code civil. Or, comme nous venons de le dire, l'hypothèque peut résulter des jugements rendus en pays étranger : 1.° s'il y a à cet égard des conventions spéciales dans les traités des deux nations ; 2.° à part tout traité, si le jugement a été déclaré exécutoire. Nous avons vu aussi que les actes passés en pays étranger ne peuvent pas conférer hypothèque en France, et que la règle ne cessait que devant les dispositions contraires des lois politiques. Il n'y a pas même, comme pour les jugements, la ressource de les faire déclarer exécutoires.

Ainsi les conventions reçues à l'étranger peuvent emporter exécution parée, si la chose a été convenue par des traités politiques intervenus entre le gouvernement français et la nation sur le territoire de laquelle et devant les officiers de laquelle les actes auront été passés. Ces conventions sont en petit nombre : il en existe une de cette nature entre la France et la Suisse. Des capitulations de cette nature avaient été faites fort anciennement : elles ont été renouvelées, quant à ce point, par un traité du 4 vendémiaire an XII, art. 15 ; dans ce cas, il suffira que le président du tribunal de l'exécution, appose une ordonnance d'exéquatur à l'acte étranger revêtu des légalisations nécessaires pour assurer son authenticité.

En l'absence de traités, les conventions reçues à l'étranger par des officiers publics, n'emporteront pas en France exécution parée ; cependant ces actes font pleine foi de leur contenu, ni plus ni moins que s'ils avaient été passés en France même, et devant un notaire français. En conséquence, armé de cet acte, le créancier pourra traduire son débiteur devant un tribunal qui prononcera une condamnation ; mais ce qu'on exécutera alors, ce sera le jugement français et non pas la convention étrangère déclarée exécutoire.

S'il s'agit d'un jugement rendu dans les formes voulues par un tribunal étranger, et qu'une partie se présente en France munie de ce jugement, il est évident qu'il sera exécutoire de plein droit, lorsqu'un traité spécial aura donné cette force aux jugements émanés des tribunaux de la nation avec laquelle ce traité aura été passé : il suffira d'une simple ordonnance d'exéquatur.

S'il n'y a pas eu de convention politique, le jugement pourra être déclaré exécutoire par le tribunal français, et alors être exécuté en France. Mais ici s'élève une difficulté sérieuse : l'art. 121 de l'ordonnance de 1629, dont nous avons cité plus haut la première partie, s'exprime ainsi *in fine* : « Ains tiendront les contrats lieux de simples pro-
» messes, et, nonobstant les jugements, nos sujets contre
» lesquels ils auront été rendus, pourront débattre leurs
» droits devant nos officiers. » Il paraissait résulter *à contrario* de cet article que les jugements étrangers auraient autorité en France contre les étrangers, sauf à y faire apposer la formule exécutoire. Les textes des art. 546 (C.P.C.) et 2123 (C. C.) ne font plus cette distinction et ne considèrent nullement les qualités accidentelles des parties qui ont figuré au procès. Le privilège accordé par l'art. 121 de l'ord. de 1521, n'existe plus : le jugement étranger aura donc en France le même effet et la même force, qu'il ait été rendu contre l'étranger ou contre le Français. Ce jugement, dans tous les cas, doit être déclaré exécutoire sans révision : le tribunal examine seulement s'il ne contient pas des moyens d'exécution contraires aux lois françaises. Il examine aussi les questions qui peuvent s'élever, soit sur l'authenticité, soit sur le sens du jugement ; mais les parties ne doivent pas être admises à débattre de nouveau devant lui leurs droits et prétentions.

Un jugement rendu par un tribunal français entre un Français et un étranger, ne devient pas exécutoire de plein droit contre cet étranger, si son pays est ensuite réuni au territoire français : les habitants de ce pays ne sont réunis qu'avec tous leurs droits, actions et exceptions. Par raison de réciprocité, si un Français était frappé d'un jugement en pays étranger, la réunion de ce pays à la France ne rendrait pas ce jugement exécutoire de plein droit.

Les jugements rendus dans des pays qui ont été réunis à notre territoire et pendant cette réunion, sont encore exécutoires en France depuis que ces pays ont passé sous une autre domination. Les jugements rendus par des arbitres étrangers sont exécutoires en France sur simple *pareatis*.

SECTION IX.

De l'acquisition de la qualité de Français.

Manière d'acquérir la qualité de Français.

Nous avons vu que la naturalisation s'opérait autrefois par lettres du roi, accordées en grande chancellerie et enregistrées dans la cour souveraine. Il dépendait ainsi de la volonté du prince d'accorder aux uns et de refuser aux autres la qualité de Français, sans d'autres règles que celles que pouvait lui dicter son caprice ; c'est pourquoi les premières lois de la révolution ont pris soin de déterminer les conditions positives auxquelles seraient soumis ceux qui aspireraient au titre de citoyen.

La constitution du 30 avril 1790 portait :

« Tous ceux qui, nés hors du royaume, de parents étran-
» gers, sont établis en France, seront réputés Français et
» admis, en prêtant le serment civique, à l'exercice des
» droits de citoyen actif, après cinq ans de domicile con-
» tinu dans le royaume, s'ils ont, en outre, ou acquis des

» immeubles ou épousé une Française, ou formé un établissement de commerce, ou reçu dans quelques villes des lettres de bourgeoisie, nonobstant tous règlements contraires auxquels il est dérogé. »

La constitution du 3 septembre 1791 était ainsi conçue, tit. II, art. 2 et 3 : « Sont citoyens français, ceux qui, nés » en France d'un père étranger, ont fixé leur résidence » dans le royaume; ceux qui, nés hors du royaume de parents étrangers, résident en France, deviennent citoyens » français après cinq ans de domicile continu dans le royaume, s'ils y ont en outre acquis des immeubles, ou épousé » une Française, ou formé un établissement d'agriculture » ou de commerce, et s'ils ont prêté le serment civique. »

D'après l'art. 4 de la constitution de 1793,

« Tout homme né et domicilié en France, âgé de vingt-» un ans accomplis;

» Tout étranger âgé de vingt-un ans accomplis, qui est » domicilié en France depuis une année;

» Y vit de son travail;

» Ou acquiert une propriété;

» Ou épouse une Française;

» Ou nourrit un vieillard;

» Tout étranger enfin, qui sera jugé, par le Corps lé-» gislatif, avoir bien mérité de l'humanité;

» Est admis à l'exercice des droits de citoyen français.

L'art. 10 du tit. II de la constitution du 22 août 1795, répète à peu près des dispositions semblables :

» L'étranger, dit-il, devient citoyen français, lors-» qu'après avoir atteint l'âge de 21 ans accomplis, et avoir » déclaré l'intention de se fixer en France, il y a résidé » pendant sept années consécutives, pourvu qu'il y ait » payé une contribution directe, et qu'en outre, il possède

» une propriété foncière, ou un établissement d'agriculture » ou de commerce, ou qu'il ait épousé une française. »

D'après la constitution de l'an VIII.

Enfin, selon l'art. 3 de la constitution du 13 décembre 1799, (22 frimaire an VIII), qui nous régit encore sur ce point, « un étranger devient citoyen français, lors» qu'après avoir atteint l'âge de vingt-un ans accomplis » et avoir déclaré l'intention de se fixer en France, il y a » résidé pendant dix années consécutives. »

Le sénatus-consulte du 26 vendémiaire an XI, est venu apporter une modification à cette disposition : « Pendant » cinq années, dit-il, à compter de la publication du pré» sent sénatus-consulte organique, les étrangers qui ren» dront ou qui auraient rendu des services importants à la » république, qui apporteront dans son sein des talents, » inventions ou industries utiles, ou qui formeront de » grands établissements, pourront, après un an de do» micile, être admis à jouir du droit de citoyen français. » Ce droit leur sera conféré par un arrêté du gouverne» ment, pris sur le rapport du ministre de l'intérieur, le » Conseil d'état entendu. »

Cette autorisation accordée ainsi pour cinq ans au gouvernement par ce sénatus-consulte, a été rendue perpétuelle par un autre sénatus-consulte, du 17 février 1808, ainsi conçu : « Art. 1.er Les étrangers qui rendront » ou qui auront rendu des services importants à l'état, » ou qui apporteront dans son sein des talents, des » inventions ou une industrie utile, ou qui formeront » de grands établissements, pourront, après un an de » domicile, être admis à jouir du droit de citoyen français.

» Art. 2. Ce droit leur sera conféré par un décret spé» cial rendu sur le rapport d'un ministre, le Conseil d'état » entendu.

» Art. 3. Il sera délivré à l'impétrant une expédition » dudit décret, visée par le grand-juge, ministre de la » justice.

» Art. 4. L'impétrant, muni de cette expédition, se pré» sentera devant la municipalité de son domicile, pour y » prêter le serment d'obéissance aux constitutions de » l'empire et de fidélité à l'empereur : il sera tenu re» gistre et dressé procès-verbal de cette prestation de » serment. »

Il ne suffit pas à l'étranger, pour devenir Français, d'accomplir les conditions prescrites par la constitution du 22 frimaire an VIII ; il faut encore qu'il ait obtenu la permission de s'établir en France, suivant l'avis du Conseil d'état du 18 prairial an XI (7 juin 1803).

« Le Conseil d'état après avoir entendu la section de » législation sur le renvoi qui lui a été fait du rapport » du ministre grand-juge de la justice, qui présente la » question de savoir si l'étranger, qui aux termes de la » constitution, veut devenir citoyen français, est assujetti » à la disposition du Code civil (art. 13) qui ne donne » à l'étranger la jouissance des droits civils en France, » tant qu'il continuera d'y résider, que lorsqu'il aura été » admis par le gouvernement à y établir son domicile ; est » d'avis que, dans tous les cas où un étranger veut s'éta» blir en France, il est tenu d'obtenir la permission du gou» vernement, et que les admissions, pouvant être, suivant » les circonstances, sujettes à des modifications, à des » restrictions et même à des révocations, ne sauraient » être déterminées par des règles ou des formules gé» nérales. »

Quand l'étranger a observé toutes les formalités exigées par la constitution de l'an VIII, sa naturalisation doit encore être prononcée par le roi, conformément au décret du 17 mars 1809, dont voici la teneur : « Lors» qu'un étranger, en se conformant aux dispositions » de l'acte des constitutions de l'empire du 22 frimaire » an VIII, aura rempli les conditions exigées pour de» venir citoyen français, sa naturalisation sera prononcée » par nous. »

D'après l'art. 4 du titre XI de la constitution de 1791, le roi n'était pas seul capable de donner les lettres de naturalisation : « Le pouvoir législatif, y est-il dit, pourra, » par des considérations importantes, donner à un étran» ger un acte de naturalisation, sans autres conditions » que de fixer son domicile en France et d'y prêter le » serment civique. » D'où il est facile d'inférer qu'il fallait l'intervention du pouvoir législatif pour accorder à un étranger la qualité de citoyen français.

Aujourd'hui en Angleterre le parlement seul peut donner des lettres de naturalisation. Le roi ne peut conférer que les droits de dénization. « Un dénizen, dit Blackstone, » est un étranger de naissance, mais qui a obtenu, *ex* » *donatione regis,* des lettres-patentes qui font de lui un » sujet anglais, droit noble et incommunicable de la pré» rogative royale. Le dénizen tient, en quelque sorte, le » milieu entre l'étranger et le sujet né Anglais : il parti» cipe de l'un et de l'autre; il peut avoir des immeubles, » soit par acquisition ou donation, soit par legs (et » l'étranger ne le peut pas); mais il ne peut en acquérir » par héritage; car son père, duquel son droit serait dé» rivé, étant un étranger, il est d'un sang qui ne peut » hériter, et par conséquent il ne peut transmettre à son » fils aucun droit d'héritage; et par la même raison, l'en» fant d'un dénizen, né avant la dénization ou avant

» l'acte qui l'a fait dénizen, ne peut hériter de lui, n'en » ayant pas reçu un sang qui pût hériter ; mais il n'en » est pas de même des enfants nés depuis. Le dénizen » n'est pas exempt de l'*alien's duty* ou du supplément de » droits que paient les étrangers, ni de quelques autres » charges portant sur le commerce. Il ne peut être mem- » bre, ni du conseil privé, ni de l'une ou de l'autre des » chambres du parlement : il ne peut exercer aucun em- » ploi de confiance dans le civil ou le militaire, ni rece- » voir de la couronne aucune concession de terre, etc. »

Dès que l'étranger est naturalisé, il n'y a plus de différence entre lui et le Français d'origine, et il jouit, en conséquence, de tous les priviléges et prérogatives des nationaux. Cependant une exception a été apportée à ce principe par le décret du 4 juin 1814, d'après lequel « aucun étranger ne pourra siéger, à compter de ce » jour, ni dans la Chambre des Pairs, ni dans celle des » Députés, à moins que, par d'importants services ren- » dus à l'état, il n'ait obtenu des lettres de naturalisa- » tion vérifiées par les deux Chambres. » Toutefois il faut remarquer que, pour obtenir ces lettres, la loi n'exige pas une résidence antérieure : or, on ne peut douter qu'aux effets plus importants qu'entraîne cette naturalisation ne se joignent ceux de la naturalisation ordinaire, si celle-ci n'a précédé.

Une autre exception a été apportée à la loi de l'an VIII par la loi du 14 octobre 1814, d'après laquelle les habitants des départements réunis à la France depuis 1791 peuvent, suivant quelques distinctions, être dispensés d'une partie des conditions prescrites par la constitution du 22 frimaire.

Cette loi donne lieu à une distinction importante entre

les lettres de naturalisation et les lettres de naturalité : les premières confèrent à l'étranger qui les obtient la qualité de citoyen français ; elles sont pour lui constitutives d'un droit nouveau : les secondes constatent que celui qui les reçoit a conservé cette qualité ; elles ne sont que déclaratives *d'un droit acquis et subsistant*.

Manière d'acquérir la qualité de Français d'après le Code civil.

Le Code civil indique trois manières de devenir Français, qui sont autant d'exceptions aux règles formulées dans la constitution de l'an VIII.

La première est relative à l'enfant né en France d'un étranger.

Sous l'empire de l'ancienne jurisprudence, de cette législation non encore dégagée du principe matériel, on ne s'attachait qu'au lieu de la naissance, qu'au fait ostensible ; de telle sorte que le fils d'un Français né en terre étrangère était présumé aubain, et il avait besoin de lettres du roi pour se faire relever de son incapacité de succéder. En droit romain, le système était tout autre : on ne recherchait pas sur quelle terre l'enfant était venu au monde, mais quelle était son origine paternelle ; *filius sequitur originem patris, vel civitatem ex qua pater naturalem originem duxit, estque civis ejus civitatis in qua pater natus est.* (Cod., lib. X, l. filios de municip. et orig.) L'Assemblée constituante, adoptant en partie les principes émis par l'ancienne jurisprudence, mettait sur la même ligne les individus qui étaient nés en France d'un père étranger, et ceux qui étaient nés en pays étranger d'un père français : elle reconnaissait dans les uns et les autres la qualité de citoyen français, s'ils avaient établi leur domicile en France. (*Constit. du 3 septembre* 1791, *tit.* II, *art.* 2.)

Le Code civil a suivi les règles du droit romain. Tout

enfant né d'un Français en pays étranger est Français, et tout enfant né d'un étranger en France est étranger. Voilà les observations que présenta le Tribunat à cet égard : « Un enfant naît en France de parents étrangers : ceux-» ci venaient d'arriver ; peu de jours après ils retournent » dans leurs pays ; leur enfant les suit. Ils n'ont pu ni » voulu le laisser en France ; lui-même n'y reparaîtra » peut-être de sa vie : on demande à quel titre un tel » individu peut être Français. Aucun lien ne l'attache » à la France ; il n'y tient ni par la féodalité, puisqu'il » n'en existe plus sur le territoire français ; ni par l'in-» tention, puisque cet enfant ne peut en avoir aucune ; ni » par le fait, puisqu'il ne reste point en France, et que » ses parents n'y ont eu qu'une existence éphémère. Ac-» cordera-t-on au hasard de la naissance un privilége » tel que cet individu soit admis à recueillir les avan-» tages du lieu dans lequel il est né sans que les charges » puissent l'atteindre? » Par ces motifs, on repoussa la disposition tendant à déclarer Français tout enfant né en France.

Mais si la naissance sur le territoire ne confère pas immédiatement à l'enfant la qualité de Français, elle lui permet cependant de la réclamer. Il faut qu'il forme cette réclamation dans l'année de sa majorité, afin que la patrie dans le sein dans laquelle il a vu le jour ne reste pas plus longtemps incertaine sur sa détermination : et ici l'on distingue ; ou bien il réside en France, et alors il joint à sa réclamation la déclaration qu'il entend y fixer son domicile ; ou il réside en pays étranger, et, dans ce cas, il fait sa soumission de fixer en France son domicile, et il doit l'y établir dans l'année à compter de l'acte de sa soumission.

C'est par la loi française que sera fixée la majorité de l'individu dont il s'agit, pour faire courir le délai dans lequel il doit réclamer.

Si l'enfant avait été conçu en France, et qu'il fût né en pays étranger d'un étranger, il jouirait également de la faculté accordée par l'art. 9 du Code civil.

Quoique, d'après le droit des gens, l'hôtel d'un ambassadeur soit regardé comme faisant partie du territoire de la nation que cet ambassadeur représente, l'enfant né dans cet hôtel pourra réclamer le bénéfice de l'art. 9.

Il faut remarquer que celui qui aura usé du droit conféré par notre article, ne pourra se prévaloir de la qualité de Français qu'après avoir rempli les conditions qui lui ont été imposées par l'art. 9, et seulement pour l'exercice des droits ouverts à son profit depuis cette époque. On ne peut pas argumenter pour décider autrement du silence de l'art. 20, qui ne prohibe la rétroactivité que dans les cas prévus par les art. 10, 18 et 19 du Code civil.

Devant qui doivent être faites les soumissions et déclarations prescrites par cet art. 9? Si l'enfant se trouve en pays étranger, il doit faire sa soumission devant l'ambassadeur français ou autre chargé des affaires de France. Si l'enfant demeure en France, la déclaration qu'il entend y fixer son domicile, doit être devant la municipalité du lieu où il réside et inscrite sur ses registres.

La seconde manière de devenir Français indiquée par le Code, s'applique à l'enfant né en pays étrangers d'un Français qui a perdu cette qualité. Il peut la recouvrer en remplissant les formalités de l'art. 9 : l'enfant né d'un Français expatrié se trouve donc assimilé sous ce rapport à l'enfant né en France d'un étranger. Cependant, sous un autre rapport, il est plus favorablement traité ; car celui-ci n'a qu'une année, à compter de sa majorité, pour manifester sa volonté, tandis que l'autre le peut toujours et dans toutes les époques de sa vie. Toutefois ne concluons pas de ces mots *pourra toujours* de l'art. 10 du Code civ., que, pendant sa minorité, son tuteur, ou s'il est émancipé, son curateur, seront admis à demander en son nom sa naturalisation. Une patrie ne s'aliène pas comme un immeuble : il faut nécessairement que l'enfant soit majeur pour pouvoir exprimer sa volonté de devenir Français.

Le Code ne s'est occupé dans l'art. 10 que de l'enfant né d'un Français en pays étranger ; car c'est le *quod plerumque fit* : il n'est pas probable, en effet, que le Français qui a perdu cette qualité réside en France : si cela arrivait, il est évident qu'*à fortiori* on appliquerait cet article à son enfant qui y naîtrait ; mais il n'y serait jamais Français de droit.

L'enfant, pour jouir du bénéfice de l'art. 10, doit être né d'un Français qui a perdu cette qualité ; mais il ne pourrait pas en profiter, s'il était né d'un père qui aurait perdu la qualité de Français acquise par sa naturalisation, ou par la réunion de son pays à la France. Cet enfant, s'il est né en France, devra réclamer la qualité de Français dans les formes prescrites par l'art. 9 du Code civil.

L'enfant, conçu en France avant que son père ait perdu la qualité de Français, est Français de plein droit, malgré sa naissance en pays étranger. Mais comment déterminer l'époque incertaine de la conception ? La loi donne sur ce point une règle sûre. L'art. 315 (C.C.) dit que la légitimité de tout enfant né trois cents jours après la dissolution du mariage, peut être contestée. La loi regarde donc l'espace de trois cents jours comme le terme le plus long de la gestation. Si donc l'enfant est né trois cents jours ou davantage après que son père a perdu la qualité de Français, il est étranger, sauf la faculté de devenir Français en remplissant les formalités prescrites par l'art. 10; mais si, au moment de sa naissance, il s'est écoulé moins de trois cents jours depuis que le père a perdu cette qualité, il est Français en naissant et sans avoir besoin de remplir aucune formalité.

Il faut être parent au premier degré en ligne directe du père qui a perdu la qualité de Français, pour pouvoir invoquer le privilége de l'art. 10. Le § 4 de l'art. 2 du titre XI de la constitution de 1791, conforme en cela à l'art. 22 de la loi du 9 décembre 1790, contenait un principe différent; il portait : « Sont citoyens français ceux qui, nés en » pays étrangers, et descendant, à quelque degré que ce » soit, d'un Français ou d'une Française expatriés pour » cause de religion, viennent demeurer en France et prê- » tent le serment civique. »

Cette loi supposait que les religionnaires n'avaient jamais quitté leur patrie, et que, par conséquent, eux et leurs descendants y étaient nés.

Mais comme cette constitution a été remplacée par plusieurs autres qui n'ont point reproduit l'exception, et que le Code civil ne l'a pas non plus rappelée, elle ne peut être invoquée aujourd'hui que par ceux qui, sous l'empire de ladite constitution, sont venus demeurer en France et ont prêté le serment civique. Dans l'année 1824, la Chambre des Députés a eu occasion d'appliquer cette disposition en faveur de M. Benjamin Constant, dont les aïeux s'étaient expatriés dans la Suisse en 1605, et à qui l'on contestait la qualité de Français, ainsi que le droit de siéger dans la Chambre, où cependant il avait déjà été admis dans les sessions précédentes, sans qu'aucune réclamation semblable eût été élevée.

Le décret du 17 mars 1809, qui veut que la naturalisation soit prononcée par le roi, s'applique indistinctement à tous les cas où elle est demandée; par conséquent il ne suffit pas, pour acquérir la qualité de Français dans le cas des art. 9 et 10, de réclamer cette qualité, il faut en outre obtenir des lettres de naturalisation.

Une troisième manière d'acquérir la qualité de Français indiquée par le Code civil résulte de l'art. 12. La règle qu'établit cet article est fondée sur l'ancienne et constante maxime qui veut que la femme suive la condition de son mari; maxime fondée sur la nature même du mariage, qui de deux êtres n'en fait qu'un, en donnant la prééminence à l'époux sur l'épouse : la femme devient donc Française quand elle épouse un Français.

Il en était autrement chez les peuples d'origine germanique : la patrie l'emportait sur la famille; de sorte que la femme n'était point tenue de la quitter pour suivre son mari. Au sixième siècle, la femme dont le mari était forcé de quitter son pays était dispensée de l'accompagner non-seulement hors de France, mais même dans un autre duché ou province du royaume : un capitulaire de Pepin en fait foi.

Nous avons dit plus haut que l'enfant des ci-devant Français n'était pas capable, avant sa majorité, d'opter pour la qualité de Français; cependant la femme française mineure mariée à un étranger devient étrangère. La naturalisation n'est point l'objet principal du contrat, c'est une conséquence du mariage : *Habilis ad nuptias, habilis ad matrimonii consequentias.*

Si la Française épouse un Français qui se fait ensuite naturaliser en pays étranger, elle conserve néanmoins sa qualité de Française.

De même si l'étrangère a épousé un étranger qui devient ensuite Français, elle reste étrangère.

La femme française qui avait épousé un individu d'origine étrangère, devenu Français avant le mariage par la réunion de son pays à la France, a perdu la qualité de Française depuis que, par l'effet des traités, le pays du mari a été séparé de la France, si le mari n'a point rempli les formalités voulues par la loi du 14 octobre 1814 pour conserver la qualité de Français.

Il est à remarquer que la femme seule est forcée de suivre la condition de son mari : or *inclusio unius est exclusio alterius* : de là il résulte que la volonté du père ne peut changer la condition de son fils. Il est certain que si le fils, par un titre à lui spécial et personnel, a complétement et définitivement acquis une nationalité, un état de cité, cette nationalité, cet état de cité, comme une autre qualité personnelle quelconque, devient sa propriété dont il ne peut plus être dépouillé sans sa volonté, par un fait quelconque postérieur de son père.

Il résulte de là que l'enfant, né en pays étranger d'un étranger qui, depuis se fait naturaliser en France, ne devient pas, comme son père et au même instant que lui, citoyen français. C'est d'après les mêmes principes qu'il faut décider que l'enfant naturel, né en France d'une Française et d'un père inconnu, ne perd pas la qualité de Français, si plus tard il est reconnu ou légitimé par un étranger. Sa qualité n'a pu lui être enlevée que d'une manière légale, c'est-à-dire par une des circonstances indiquées par l'art. 17 du Code civil : autrement, il faudrait considérer comme un étranger ordinaire et incapable même d'invoquer l'art. 9, celui qui, né d'une mère française, et ayant dû se regarder comme Français tant que son père ne s'est pas fait connaître, se voit enlever sa qualité de Français plus d'un an après sa majorité.

Il est un autre mode de naturalisation dont ne parle pas le Code ; c'est pour les habitants d'un pays la réunion de ce pays à la France.

CHAPITRE II.

DES ÉTRANGERS SOUS LE POINT DE VUE PUBLIC ET POLITIQUE.

Nous divisons ce chapitre en quatre sections : 1.° entrée des étrangers en France ; 2.° résidence des étrangers en France ; 3.° sortie des étrangers ; 4.° ambassadeurs.

SECTION I.re

Entrée des étrangers en France.

L'intérêt du commerce exigeait que les étrangers pussent facilement pénétrer en France. Il n'est pas bon qu'une nation vive seule ; il lui est au contraire avantageux d'être en relation avec les peuples voisins, et d'avoir des débouchés pour faire écouler ses productions. Cependant il ne fallait pas pour cela ouvrir trop facilement l'entrée de la France aux importations étrangères, de peur de nuire à l'industrie nationale : de là ces lois de douanes qui, en soumettant à un impôt considérable les marchandises exotiques, empêchent une concurrence redoutable, et permettent plus aisément le débit de celles qui sortent de nos fabriques et de nos manufactures.

L'équité naturelle réclamait aussi l'admission des étrangers ; car, en principe, nul n'est en droit de s'opposer à ce qui ne lui cause ni préjudice ni dommage : mais comme chaque état a le droit de veiller à sa conservation, la loi a dû prendre des précautions pour que sa tranquillité ne fût pas troublée; c'est pourquoi l'art. 5 du décret du 1.er février 1792 astreint les personnes qui entrent en France à prendre un passeport à la première municipalité. Ce passeport doit désigner les lieux où les voyageurs se rendent. Aux termes de l'arrêté du 23 messidor an III, il doit être déposé à la municipalité de la première commune frontière, d'où il est envoyé au ministre dans les attributions duquel se trouve la police générale. On peut contraindre l'étranger à attendre que son passeport revienne revêtu du visa du ministre, qui seul lui donne effet en France, et peut toujours être refusé. Mais l'arrêté lui-même autorise le maire à lui délivrer un passeport provisoire, à la charge d'en informer le ministre auquel il doit indiquer la route que l'étranger se propose de suivre.

L'humanité enfin nous faisait un devoir de donner asile aux malheureux réfugiés qui viennent chez nous se mettre à l'abri des persécutions de leur pays.

Mais, d'un autre côté, le gouvernement peut empêcher l'entrée des étrangers en France dans tous les cas, par exemple, dans les cas de guerre, d'épidémie, de peste ou de maladie contagieuse : il ne fait, en agissant ainsi, qu'user d'un droit naturel.

SECTION II.

De la résidence des étrangers en France.

Les lois qui maintiennent la police de l'état et veillent à sa sûreté, obligent indistinctement tous ceux qui habitent le territoire. « Il ne peut, disait M. Portalis, exister » aucune différence entre les citoyens et les étrangers. Un » étranger devient le sujet casuel de la loi du pays dans

Les lois de police et de sûreté obligent les étrangers.

» lequel il passe ou dans lequel il réside. Dans le cours
» de son voyage, ou pendant le temps plus ou moins long
» de sa résidence, il est protégé par cette loi ; il doit donc
» la respecter à son tour. L'hospitalité qu'on lui donne,
» appelle et force sa reconnaissance. D'autre part, chaque
» état a le droit de veiller à sa conservation ; et c'est dans
» ce droit que réside la souveraineté : or comment un état
» pourrait-il se conserver et se maintenir, s'il existait
» dans son sein des hommes qui pussent impunément en-
» freindre sa police et troubler sa tranquillité?... »

D'après l'art. 7 de la loi du 28 vendémiaire de l'an VII, tout étranger, voyageant dans l'intérieur de la républi-que, ou y résidant, sans avoir une mission des puissan-ces neutres et amies reconnues par le gouvernement fran-çais, ou sans y avoir acquis le titre de citoyen, était mis sous la surveillance spéciale du Directoire exécutif, qui pouvait lui retirer son passeport et lui enjoindre de sortir du territoire français, s'il jugeait sa présence susceptible de troubler l'ordre et la tranquillité publique.

Les étrangers sont, comme les nationaux, soumis en France à l'action des lois répressives et à la juridiction des tribunaux français pour tous les crimes, délits et con-traventions, dont ils se rendent coupables sur le territoire français. Les peines sont les mêmes pour eux que pour les régnicoles, quoique les peines prononcées par les lois de leur pays seraient moins sévères. L'étranger poursuivi en France ne pourrait réclamer les bénéfices que les traités auraient accordés dans son pays aux Français recherchés pour délits, à moins que ces bénéfices ne fussent expressé-ment stipulés envers la France par les mêmes traités : ainsi l'Anglais poursuivi en France pour un crime commis en ce pays, ne pourrait invoquer l'usage anglais de juger les français par un jury, composé moitié de Français, et demander d'être jugé par un jury composé mi-parti d'Anglais : c'est ce qui fut décidé dans l'affaire des trois anglais Hutchinson, Bruce et Wilson, accusés d'avoir facilité l'évasion de Lavalette.

D'un autre côté, les actions incriminées par les lois pénales, le sont indistinctement, soit qu'elles lèsent des Français, soit qu'elles lèsent des étrangers, à moins que le contraire ne résulte de la définition même de la loi.

Les lois du 17 et 26 mai 1819 et 25 mars 1822, sur la presse, qui punissent le délit de diffamation, sont des lois de police et de sûreté, qui obligent sans exception tous ceux qui habitent le territoire.

D'après un avis du Conseil d'état, à la date du 20 novembre 1806, un vaisseau neutre, admis dans un port de l'état, est de plein droit soumis aux lois de police qui régissent le lieu où il est reçu : les gens de l'équipage sont également justiciables des tribunaux du pays, pour les délits qu'ils y commettent, même à bord, envers des personnes étrangères à l'équipage, ainsi que pour les conventions civiles qu'ils pourraient faire avec elles.

Il suffit, pour que les tribunaux français soient compétents, que le crime ait été commis en France : c'est pourquoi il a été jugé, avec raison, que les tribunaux français étaient compétents pour juger un étranger accusé de bigamie, encore bien que son premier mariage eût été contracté en pays étranger.

Ce fut autrefois une grave question que de savoir si l'on pouvait être poursuivi et puni dans un pays pour des crimes commis dans un autre. Les auteurs et la jurisprudence étaient partagés sur ce point ; cependant on décidait généralement que l'on ne pouvait être poursuivi et puni dans un pays que pour les crimes dont on s'y était rendu coupable : cette décision paraissait conforme à l'art. 1.er de l'ordonnance criminelle de 1670, qui portait : « La connaissance des crimes appartiendra » aux juges des lieux où ils auront été commis. » Cependant, comme exception, on admettait la compétence des juges français ; 1.° si l'étranger coupable était arrêté en France sur la plainte de la partie lésée ; 2.° si l'étranger venait se fixer en France, au cas où la partie lésée était un Français.

Aujourd'hui les principes sont à peu près les mêmes : la règle est que le droit de poursuivre un crime n'appartient qu'au magistrat du territoire sur lequel il a été commis ou du territoire sur lequel il s'est prolongé. Mais il est des attentats qui attaquent la sûreté et l'essence même de tous les états, dont l'intérêt commun des nations doit provoquer la poursuite, lorsque le coupable a l'audace de se montrer dans le sein du gouvernement qu'il a voulu détruire. C'est pourquoi l'art. 5 du Code d'instruction criminelle veut que tout Français qui se sera rendu coupable, hors du territoire de France, d'un crime attentatoire à la sûreté de l'état, de la contrefaçon du sceau de l'état, de monnaies nationales ayant cours, de papiers nationaux ou billets de banque autorisés par la loi, puisse être poursuivi, jugé et puni en France d'après les dispositions des lois françaises. L'art. 6 applique la même disposition aux étrangers qui, auteurs ou complices des mêmes crimes, seraient arrêtés en France, ou dont le gouvernement obtiendrait l'extradition.

Une pareille disposition se trouvait écrite dans l'art. 12 de la loi du 3 brumaire an IV ; cependant on ne trouve plus dans le Code d'instruction criminelle les dispositions de l'art. 13 de la loi de brumaire, qui autorisait les tribunaux français à condamner les réfugiés en France à sortir du territoire français, lorsqu'ils étaient poursuivis dans leur pays pour crimes, avec défense d'y rentrer jusqu'à ce qu'ils se fussent justifiés. Cette mesure, qui appartenait à la haute police, est rentrée dans ses attributions.

Pour que l'étranger, dans le cas prévu par l'art. 6 du Code d'instruction criminelle, puisse être poursuivi en France, il faut qu'il y ait été arrêté; mais il faut que l'arrestation de l'étranger soit faite loyalement, qu'il n'ait pas été attiré chez nous par dol ou supercherie, ou entraîné par violence : il en serait de même si l'étranger ne s'était trouvé sur le territoire français que par l'effet d'une force majeure. On aime à se rappeler l'arrêté des consuls du 18 frimaire an VIII, relatif aux émigrés naufragés à Calais :

« Les consuls de la république, chargés spécialement de » l'établissement de l'ordre dans l'intérieur, après avoir » entendu le rapport du ministre de la police générale;

» Considérant 1.° que les émigrés retenus au château » de Ham ont fait naufrage sur les côtes de Calais;

» 2.° Qu'ils ne sont dans aucun cas prévu par la loi sur » les émigrés;

» 3.° Qu'il est hors du droit des nations policées, de » profiter de l'accident d'un naufrage, pour livrer, même » au juste courroux des lois, des malheureux échappés au » naufrage;

» Arrêtent :

» Que les émigrés naufragés à Calais le 23 brumaire » an IV, et dénommés dans le jugement de la commission » militaire établie à Calais, le 9 nivôse an IV, seront dé» portés hors du territoire de la république. »

Un étranger entendu comme témoin dans une instruction

formalisée en France, à raison d'un des crimes prévus par l'art. 5 du Code d'instruction criminelle, pourrait-il être arrêté et jugé conformément à l'art. 6, si l'on découvrait qu'il s'est rendu complice d'un crime? Il faut distinguer : si l'étranger était en France lorsqu'il a été cité, il est certain qu'il le pourrait : il en serait autrement, s'il avait été cité en pays étranger, d'après l'autorisation du gouvernement auquel il appartient.

Charges des étrangers.

L'étranger est obligé de supporter les charges de ville et de police qui peuvent être imposés aux habitants : ainsi il est soumis comme le Français à donner un logement militaire aux troupes françaises.

D'après la loi du 21 avril 1832 (art. 12), la contribution personnelle et mobilière est due par chaque étranger de tout sexe qui jouit de ses droits, et qui n'est pas réputé indigent, pourvu qu'il soit domicilié depuis un an dans une commune.

Ils ne peuvent acquérir en France les droits politiques.

Les droits que les étrangers ne peuvent acquérir en France sont les droits politiques.

D'après l'article 1.er de la loi du 19 avril 1832, « Tout » Français, jouissant des droits civils et politiques, âgé » de 25 ans accomplis, et payant 200 francs de contri- » butions directes, est électeur, s'il remplit d'ailleurs les » autres conditions fixées par la présente loi ». D'après l'article 59 de la même loi, « Nul ne peut être éligible à » la Chambre des Députés, si, au jour de son élection, il » n'est âgé de 30 ans et s'il ne paie 500 francs de contri- » butions directes, sauf le cas prévu par l'art. 33 de la » Charte. Les dispositions de l'art. 7 sont applicables au » cas d'éligibilité. » Il faut remarquer que cet article n'exige pas en termes précis de l'éligible la qualité de Français; mais cela va de droit : la loi l'exige de l'électeur, à plus forte raison doit-elle se trouver dans l'éligible. Du reste il ne peut y avoir à cet égard aucune difficulté, puisque la loi de 1814 exige que des lettres de grande naturalisation soient accordées à celui qui vient siéger soit dans la Chambre des Pairs, soit dans celle des Députés.

Les étrangers ne peuvent être promus à l'épiscopat. (Concordat du 18 germinal an X, art. 6.)

Ils ne peuvent servir dans les troupes françaises. (Loi du 21 mars 1832); on ne peut, en effet, leur confier le soin de veiller aux intérêts et à la défense d'une patrie qui n'est pas la leur. Les troupes étrangères peuvent cependant être admises au service de l'état, en vertu d'une loi. (Charte de 1830, art. 13). Une loi, à la date du 9 mars 1831, a autorisé la formation d'une légion étrangère en France et de corps militaires composés d'indigènes et d'étrangers, hors du territoire continental. En vertu de cette loi, est intervenu, le 21 mars 1831, une ordonnance du roi qui autorise en Afrique la formation d'un corps de Zouabes.

Comme il fallait que toutes les charges pesassent également sur tous les Français, tout individu, né en France de parents étrangers, est soumis aux obligations imposées par la loi sur le recrutement, aussitôt qu'il a été admis à jouir du bénéfice de l'art. 9. (Art. 2 de la loi du 21 mars 1831.)

Les étrangers ne peuvent faire partie de la garde nationale; cependant ils peuvent être appelés à faire le service, quand ils ont été admis à la jouissance des droits civils, conformément à l'art. 13 du Code civil, lorsqu'ils ont acquis en France une propriété ou qu'ils ont formé un établissement. (Art. 10, loi du 22 mars 1831.) Il résulte des termes de la loi que, dans ce cas, l'admission des étrangers dans la garde nationale est purement facultative. (Avis du Conseil d'état du 21 mai 1831). Une loi de 1791 n'admettait les étrangers à faire partie de la garde nationale, qu'après qu'ils avaient rempli les conditions prescrites pour devenir citoyens français.

D'après l'art. 2 du décret du 21 septembre 1793, les matelots étrangers ne peuvent former plus du quart de l'équipage : suivant l'ordonnance du 20 octobre 1723, le nombre des matelots étrangers pouvait être du tiers.

Les étrangers ne peuvent être ministres ni conseillers d'état (art. 58 de la constitution de frimaire de l'an VIII); membres de la cour des comptes (art. 20, 27 et 31 de la même constitution); juges et procureurs du roi près la cour de cassation, les cours royales et les tribunaux de première instance (art. 67 de la même constitution); juges de paix et suppléants de juges de paix (art. 8 du sénatus-consulte du 16 thermidor an X); préfets, sous-préfets et conseillers de préfecture (art. 59 de la même constitution); maires et adjoints de maire (art. 10 du sénatus-consulte du 16 thermidor de l'an X); membres des colléges électoraux, soit d'arrondissement, soit de département (art. 22 et 25 du même sénatus-consulte); jurés (art. 383 du Code d'instruc. crimi.); témoins des actes entre-vifs (art. 9 de la loi du 25 ventôse an XI).

Ils ne peuvent être notaires (art. 1.er de la loi du 25 ventôse an XI; — art. 7 de la constitution de l'an VIII); avocats, avoués : les avocats, les avoués sont appelés accidentellement à remplir les fonctions du ministère public; or nul ne peut être magistrat, s'il n'a la qualité de citoyen français.

Ils ne peuvent être commissaires priseurs, huissiers, agents de change.

Ils ne peuvent exercer la profession de médecin ou de chirurgien sans une autorisation spéciale du ministre de l'intérieur (Loi du 19 ventôse an XI, art. 4). Il n'est pas nécessaire de demander cette autorisation, lorsque le diplôme de médecin ou de chirurgien a été délivré à l'étranger par une des facultés de France; il y a garantie suffisante de la capacité : d'ailleurs, le diplôme qui est délivré au nom du roi confère le droit d'exercer la médecine. Avant la révolution, l'étranger ne pouvait pas même pratiquer son art en France sans avoir obtenu des lettres de naturalité : une simple autorisation n'aurait pas suffi. Il résulte, en effet, comme nous l'avons vu plus haut, de l'art. 7 des lettres-patentes du 28 novembre 1638, enregistrées au parlement, le 9 décembre suivant, que les seuls Français pouvaient être reçus marchands apothicaires et épiciers, et que les étrangers ne le pouvaient qu'après avoir obtenu des lettres de naturalité dûment vérifiées.

Un étranger non muni d'un diplôme français ou d'une autorisation du gouvernement français, accordée sur la représentation d'un diplôme étranger, ne pourrait ouvrir en France un laboratoire, ni débiter des médicaments, fût-ce même à des étrangers, parce que l'exercice de cette profession intéressant la sûreté publique, est placé sous l'empire des lois de police et de sûreté qui, aux termes de l'art. 3 du Code civil, obligent tous ceux qui habitent le territoire français.

Les droits politiques ne sont jamais, comme les droits civils, conférés à l'étranger avec le simple agrément du roi (Code civil, art. 17); ils ne s'acquièrent et ne se conservent que conformément à la loi constitutionnelle; c'est pourquoi il a été jugé qu'un étranger admis par ordonnance royale à la jouissance des droits civils, mais qui n'avait pas acquis, par l'obtention des lettres de naturalisation, la jouissance des droits politiques, n'avait pas la capacité nécessaire pour remplir les fonctions de juré. La naturalisation seule donne donc à l'étranger tous les droits politiques dont il est privé ; cependant ce principe admet deux exceptions :

1.° Pour être évêque, il faut être né en France : l'art. 16 du concordat s'exprime ainsi : « On ne pourra être » nommé évêque avant l'âge de trente ans révolus, et si » l'on n'est originaire Français. »

2.° Nous avons déjà dit qu'aucun étranger ne peut siéger dans l'une ou l'autre des deux Chambres, à moins que, par d'importants services rendus à l'état, il n'ait obtenu des lettres de naturalisation vérifiées par les deux Chambres. Il faut remarquer que la vérification ne doit pas se borner à un simple enregistrement, qu'elle consiste dans l'appréciation du fond même et du mérite de la concession royale. Si on est nommé pair ou élu député avant d'avoir obtenu les lettres de grande naturalisation, la nomination ou l'élection est nulle; il faut nécessairement que l'élu soit capable au moment de l'élection : il est certain, par exemple, que celui qui n'aurait pas l'âge au moment de son élection, ne pourrait pas siéger dans l'une des Chambres, alors même qu'à l'époque de la vérification, il aurait plus que l'âge voulu.

Quoique, par le seul effet de la naturalisation, l'étranger ne puisse siéger aux Chambres, il n'en devient pas moins simultanément, s'il est majeur, Français et citoyen. C'est un changement à la loi de 1790, qui subordonnait la qualité de citoyen français à une prestation de serment qu'elle n'exigeait pas pour la qualité de Français.

Disons maintenant un mot des réfugiés. Lors de la discussion de la loi du 21 avril 1832, M. Laurence, à la Chambre des Députés, demandait une explication sur le mot *réfugié*. A son sens, ce n'est pas celui qui voyage dans un pays qui n'est pas le sien, y circule librement et y vit avec ses ressources personnelles ; c'est celui qui reçoit une hospitalité qui coûte à celui qui la donne. M. le garde des sceaux a répondu : « L'art. de la loi » est particulièrement relatif aux étrangers réfugiés, » c'est-à-dire à ceux qui, sans passeports, sans relation avec aucune espèce d'ambassadeur, se trouvent » évidemment dans l'état que chacun appelle réfugiés. » M. Ch. Dupin a ajouté : « On appelle réfugiés tous ceux » qui résident en France sans la protection de leur gouvernement. » Des réfugiés

La loi du 21 avril 1832, art. 1er, a autorisé le gouvernement à réunir, dans une ou plusieurs villes, les réfugiés qui résideront en France. D'après l'art. 2, le gouvernement peut les astreindre à se rendre dans celle de ces villes qui leur sera indiquée ; il peut en outre leur enjoindre de sortir du royaume, s'ils ne se rendent pas à cette destination, ou s'il juge leur présence susceptible de troubler l'ordre et la tranquillité publique. Cette loi qui devait, dans le principe, n'être en vigueur que pendant un an, a été successivement prorogée par les lois du 16 avril 1833, 1.er mai 1834, 16 avril 1836, 22 juillet 1837, 22 juin 1838, 24 juillet 1839, 15 juillet 1840.

Les lois des 18 décembre 1831, 26 avril 1832, 2 mai 1834, 27 juin 1835, 24 avril 1836, 22 juillet 1837 ; les ordonnances du 9 novembre 1839, 18 décembre 1339, 23 juillet 1840, 31 août 1340, 23 octobre 1840 ; les lois des 17 janvier et 11 juin 1342 ont successivement ouvert au ministre de l'intérieur des crédits extraordinaires pour secours aux étrangers réfugiés.

Une modification à la loi de 1832 a été apportée par celle du 24 juillet 1839 : « Toutefois, dit cette loi, » les étrangers réfugiés qui auront demeuré en France, » ou servi sous les drapeaux pendant cinq années, et » qui n'auront subi aucune condamnation criminelle ou » correctionnelle, pourront, en donnant avis préalable de » leur déplacement au préfet de leur département, chan- » ger de résidence, sans l'autorisation du gouvernement. » Cette autorisation continuera de leur être nécessaire » pour résider dans le département de la Seine, et dans » un rayon de 16 myriamètres de la frontière des Pyré- » nées. » C'était, comme on a dit à la Chambre des Députés, une gêne pénible pour les réfugiés qui devaient changer de résidence, que d'être obligé d'obtenir l'autorisation préalable du gouvernement. Si cette règle est nécessaire à l'égard des étrangers dont l'arrivée en France est récente, et qu'anime l'ardeur des passions politiques qui les ont éloignés de leur pays, on pouvait en affranchir ceux qu'une résidence prolongée pendant quelques années a façonnés à nos mœurs, à nos habitudes et qui par là, ont obtenu, pour ainsi dire, un premier degré de naturalisation : à plus forte raison, la même liberté doit-elle être accordée aux étrangers qui ont servi pendant un certain temps sous nos drapeaux. La faculté de changer de résidence, sans autorisation préalable, sera accueillie par les réfugiés avec reconnaissance ; mais elle ne compromet point l'ordre public : l'autorité demeure suffisamment armée. Le droit d'expulsion lui reste, si les réfugiés abusaient des facultés accordées par la loi du 24 juillet 1839.

Il résulte d'une explication donnée par M. le ministre des travaux publics à une réponse de M. Odillon Barrot, que les cinq années de résidence exigées par cette loi, ne courent pas seulement à partir de sa promulgation, et qu'au contraire, le passé doit compter comme l'avenir pour former ces cinq années.

SECTION III.

De la sortie des étrangers.

§ I. *Sortie volontaire.* — Les étrangers peuvent quitter le royaume sans qu'aucun obstacle ne vienne les arrêter. Seulement, aux termes de l'art. 5 du décret du 1.er février 1792, les étrangers qui veulent sortir de France, doivent le déclarer à la municipalité du lieu de leur résidence, et il doit être fait mention de leur déclaration sur leur passeport.

§ II. *Expulsion des étrangers.* — Le gouvernement a incontestablement le droit d'expulser les étrangers. Aux termes de l'art. 272 du Code pénal, les individus déclarés vagabonds par jugement peuvent, s'ils sont étrangers, être conduits par les ordres du gouvernement hors du territoire du royaume; mais cette expulsion, autorisée par cet article, ne peut être mise à exécution et même ordonnée que par l'autorité administrative : c'est là une mesure de police que les corps judiciaires n'ont pas le droit de prescrire sans excéder leurs pouvoirs : les tribunaux sont seulement appelés à constater les délits et à les punir.

L'art. 272 trouve son germe dans l'art. 7 de la loi du 28 vendémiaire an VI, qui porte : « Les étrangers qui voyagent » dans l'intérieur de la France ou qui y résident sans avoir

» une mission des puissances neutres ou amies du gou-
» vernement français, ou sans y avoir acquis le titre de
» citoyen, sont placés sous la surveillance spéciale de l'au-
» torité; elle pourra leur retirer leurs passeports et leur
» enjoindre de sortir du département de la Seine, et même
» du territoire français, si elle juge leur présence suscep-
» tible de troubler l'ordre et la tranquillité publique. »

Il ne faut pas conclure des termes de l'art. 272 du Code pénal que le gouvernement ne pourrait pas, sans jugement, faire conduire un étranger hors de France. L'étranger ne peut invoquer le droit d'asile comme juridiquement obligatoire en sa faveur. Cette doctrine est confirmée par l'art. 6, titre III de la loi du 24 vendémiaire an III, ainsi conçu : « Tout mendiant reconnu étranger sera conduit sur les
» frontières de la république aux frais de la nation : il lui
» sera payé trois sous par lieue, jusqu'au premier village
» du territoire étranger. »

Quelle serait la peine applicable à l'étranger qui, conduit hors du territoire, y pénétrerait de nouveau? Il faut distinguer avec les auteurs de la Théorie du Code pénal : si la surveillance qui a dû être prononcée contre lui, en vertu de l'art. 271, n'est pas expirée, sa rentrée en France pourra être considérée comme une infraction de son ban, et les dispositions de l'art. 45 pourront lui être appliquées; mais si le temps de la surveillance est expiré, s'il a cessé d'être soumis à cette peine, sa rentrée ne peut plus être considérée comme un mode d'infraction au mode d'exécution d'une peine qui ne le régit plus, il ne sera donc passible d'aucun châtiment; seulement le gouvernement pourra user encore du droit que lui donne l'art. 272 de faire reconduire cet étranger aux frontières, puisque ce droit se fonde sur la qualité de vagabond déclarée par jugement, qualité qui survit à l'exécution de sa peine. Cette sorte de lacune s'est fait sentir avec plus de force, à l'égard des étrangers expulsés en vertu de l'art. 7 de la loi de vendémiaire an VI : aussi le législateur l'a-t-il comblée, mais seulement pour les réfugiés, par l'art. 2 de la loi du 1.er mai 1834, dont la disposition est ainsi conçue : « Tout réfugié étranger » qui n'obéira pas à l'ordre qu'il aura reçu de sortir du » royaume conformément à l'art. 2 de ladite loi, ou qui, » ayant été expulsé, rentrera sans autorisation, sera puni » d'un emprisonnement d'un mois à six mois. »

§ III. *Extradition.* — L'extradition a pour but d'effectuer réciproquement la remise des criminels étrangers. Pendant les siècles barbares, quand les nations se considéraient comme ennemies, le crime commis chez l'une était effacé chez l'autre par le droit d'asile. C'était là un principe funeste qui empêchait la punition du coupable, et qui ne devait trouver grâce que dans des temps d'ignorance : aussi Grotius (*De jure belli et pacis, lib. II, cap.* 21, § 4) a-t-il remarqué que, chez presque tous les peuples civilisés, l'extradition avait été admise par le droit international. A Rome, le droit d'asile n'existait que pour les malheureux et non pour les coupables. S'il y eut des exceptions à cette règle, elles ont été blâmées avec énergie par Tacite : « *Complebantur templa pessimis servitiorum :* » *eodem subsidio obærati adversum creditores, suspectique* » *capitalium criminum receptabantur. Nec ullum satis vali-* » *dùm imperium erat coercendis seditionibus populi, flagitia* » *hominum, ut cæremonias Deûm, protegentis.* » (Ann. lib. III, c. 60.)

Certainement un gouvernement ne doit pas être sourd aux cris du malheur : quand on lui demande l'extradition, il doit examiner si celui qui s'est réfugié chez lui a droit à sa commisération et à son indulgence ; mais si la réclamation qui lui est faite est juste, il a un intérêt légitime à y déférer, non-seulement parce que les nations se doivent assistance mutuelle, mais encore parce qu'en se refusant à l'office qu'on lui demande, il s'ôterait le droit de le réclamer à son tour, si la nécessité s'en présentait. Il est facile de comprendre l'intérêt qu'a un état à demander l'extradition d'un de ses habitants : cet état doit veiller à sa conservation ; or punir les grands crimes est pour un état une condition de vie.

Les faits qui peuvent donner lieu à la demande d'extradition ne sont pas fixés par des dispositions précises ; cependant il est évident que de simples délits, de quelque nature qu'ils soient, ne sauraient donner lieu à l'emploi de cette mesure. Grotius (liv. I., chap. 19) voulait qu'elle fût restreinte aux crimes qui sont d'une énormité extrême ; et Vattel, aux *crimes de ces scélérats qui, par la qualité et la fréquence habituelles de leurs crimes, violent toute sûreté publique et se déclarent les ennemis du genre humain.* De nos jours le droit d'asile existe pour tous les crimes politiques. Le droit d'extradition ne s'applique qu'aux crimes qui sont passibles de peines afflictives et infamantes, ainsi que le dit Merlin, question de droit *verbo* étranger, §. 2, n.° 3 : « Quand un homme a commis dans sa patrie un de ces » crimes qui n'ébranlent point les fondements de la société, » un usage universel des nations policées le reçoit à vivre » tranquillement et sans être recherché dans une région » nouvelle. On regarde la privation de ses amis et de ses » proches, le renversement de sa fortune, la perte de son » état, un perpétuel exil hors de sa patrie, comme des ex- » piations assez fortes ». Mais « quand il s'agit d'un de ces » crimes que punissent les législations de tous les peuples,

» d'attentats commis envers la propriété ou la personne des » individus, il se forme entre les divers états une sorte de » contrat, soit formel, soit tacite, qui rend la justice so» lidaire, qui lui donne une sanction universelle, néces» saire dans l'intérêt de l'humanité et de l'ordre social : » aussi, dans des occasions semblables, l'extradition est » communément accordée. » (Discours de M. de Martignac, lors de la discussion sur l'extradition de l'étranger Galotti.)

Comme les actes d'extradition sont non-seulement personnels à celui qu'on livre, mais qu'ils énoncent en outre le fait qui donne lieu à l'extradition, l'individu qu'on a livré ne peut être jugé que sur ce fait. Si, pendant qu'on procède à l'instruction du crime pour lequel il est livré, il surgit des preuves d'un nouveau crime pour lequel l'extradition pourrait être également accordée, il faut qu'une nouvelle demande soit formée à cet égard.

Le droit de livrer un étranger prévenu d'un crime ou d'un délit dans son pays, aux tribunaux de ce pays, est un attribut de la puissance royale, que le souverain peut exercer, soit d'après les traités intervenus entre la France et les nations étrangères, soit en l'absence de toutes conventions diplomatiques relatives à cet objet.

Si la France, de son côté, consent à livrer aux puissances étrangères les malfaiteurs qui ont commis des crimes sur leur territoire, les magistrats sont tout-à-fait étrangers à la négociation qui intervient alors. Souvent des magistrats étrangers transmettent directement aux procureurs généraux, à leurs substituts et même aux tribunaux, des mandats, des ordres d'arrestation, des jugements de condamnation : ces mandats, ces jugements ne sont point exécutoires en France : l'arrestation d'un étranger ne peut être opérée qu'en vertu de l'ordonnance du roi, qui ordonne l'extradition. L'exécution de l'ordonnance d'extradition est confiée aux agents de l'ordre administratif; mais, quand l'étranger que livre la France se trouve sous le coup de poursuites dans le royaume, et qu'il est écroué en vertu d'un ordre de la justice française, diverses déterminations doivent être prises. Si l'étranger dont l'extradition est accordée subit une peine en France, il ne pourra être livré qu'après que cette peine aura été subie : si des poursuites ont été commencées contre lui, elles doivent être menées à fin : s'il est acquitté, l'ordonnance d'extradition sera immédiatement exécutée; s'il est condamné, elle ne le sera qu'après sa peine subie. Mais c'est dans l'intérêt de la vindicte publique seule que l'extradition peut être retardée : l'intérêt particulier ne pourrait être écouté; en conséquence, un créancier qui retient en prison un débiteur étranger, dont l'extradition serait accordée, ne saurait s'opposer à ce qu'il fût livré à la puissance étrangère qui l'a réclamé. En effet, par suite de l'extradition, l'étranger se trouve sous la main de la justice étrangère, il est complétement à sa disposition; et l'assurance du paiement d'une dette ne peut être mise en balance avec l'utilité qu'il y a à punir un malfaiteur. Si, dans un pareil cas, des créanciers faisaient des réclamations, elles ne devraient pas être écoutées, et s'ils s'adressaient aux tribunaux, ceux-ci devraient se déclarer incompétents. (Voir la circulaire de M. le ministre de la justice et des cultes, à la date du 5 avril 1841).

SECTTION IV.

Des ambassadeurs.

Dans tous les temps, le caractère dont sont revêtus les ambassadeurs et ministres étrangers a été regardé comme sacré. Cicéron dit : « Le nom d'un ambassadeur » est un nom de respect et d'autorité. » (*Orat. VI in Verr.*) « Le droit des gens a voulu que les princes s'envoyassent » des ambassadeurs, et la raison tirée de la nature de » la chose, n'a pas permis que ces ambassadeurs dé» pendissent du souverain chez qui ils sont envoyés, ni » de ses tribunaux. Ils sont la parole du prince qui les » envoie, et cette parole doit être libre ; aucun obstacle » ne doit les empêcher d'agir ; ils peuvent souvent dé» plaire parce qu'ils parlent pour un homme indépendant : » on pourrait leur imputer des crimes, s'ils pouvaient » être punis pour des crimes ; on pourrait leur supposer » des dettes, s'ils pouvaient être arrêtés pour des dettes : » un prince qui a une fierté naturelle, parlerait par la » bouche d'un homme qui aurait tout à craindre. » (Montesquieu, Esprit des Lois.)

Voilà pourquoi les ambassadeurs et les ministres étrangers ne sont pas soumis à la loi pénale française pour les actions qu'ils commettent en France, lors même que ces actions sont incriminées par notre Code. Cette exception ne résulte pas d'une disposition expresse ; cependant une loi du 13 ventôse an II interdisait à toute autorité constituée d'attenter en aucune manière à la personne des envoyés d'un gouvernement étranger : il est vrai que cette loi ajoute : « Les réclamations qui pour» raient s'élever contre eux seront portées au comité de salut public, qui seul est compétent pour y faire droit ; » mais cette restriction ne concerne évidemment que les attentats à la sûreté publique ou à celle de l'état, dont la répression sera commandée par le grand principe de la conservation : *Lex populi suprema lex esto.*

Un article du projet du Code civil portait : « Les étran-

» gers revêtus d'un caractère représentatif de leur nation, en qualité d'ambassadeurs, de ministres, d'envoyés ou sous quelque dénomination que ce soit, ne sont point assujettis aux lois civiles de la nation chez laquelle ils résident avec ce caractère. Il en est de même de ceux qui composent leur famille, et de ceux qui sont de leur suite. Ils ne peuvent être traduits, ni en matière civile, ni en matière criminelle, devant les tribunaux de France. » Cet article a été retranché : le Tribunat l'avait réclamé ; mais l'orateur du gouvernement, M. Portalis, répondit : « Ce qui regarde les ambassadeurs appartient au droit des gens : nous n'avons point à nous en occuper dans une loi qui n'est que de régime intérieur. »

Les gens de la suite de l'ambassadeur participent à son indépendance, et par conséquent ils ne pourraient être poursuivis pour les crimes qu'ils commettraient ; cependant si un Français était au service d'un ambassadeur étranger et qu'il commît un crime, il ne pourrait pas échapper à la peine dont la loi punit ce crime, et invoquer en sa faveur l'indépendance de son maître ; tant qu'un Français réside en France, il est soumis à l'empire des lois du royaume.

Quoiqu'un étranger faisant partie de la suite d'un ambassadeur ne puisse pas être poursuivi directement devant les tribunaux français à raison d'un délit dont il se serait rendu coupable ; cependant il est certain que l'ambassadeur pourrait le livrer à la justice. Quant à lui, il ne pourrait pas renoncer à la faveur dont il jouit, et demander à être jugé en France : la raison en est que son indépendance constitue un privilége qui intéresse la nation qu'il représente ; conséquemment il ne lui est pas libre d'y renoncer.

« Les hôtels des ambassadeurs, disent les auteurs du » *Nouveau Denisart*, et des autres ministres étrangers, » sont des maisons de sûreté qui sont regardées, en quel- » que sorte, comme étant hors du territoire dans le quel ils » sont situés On ne peut, en général, y arrêter personne » sans leur permission, quand même ce ne serait pas » quelqu'un de leur suite; mais si le ministre abuse de ce » privilége pour donner retraite à des malfaiteurs, on » n'est point obligé de respecter un asile ainsi profané. » Selon Vattel, « c'est au souverain à décider, dans l'occa- » sion, jusqu'à quel point on doit respecter le droit d'asile » qu'un ambassadeur s'attribue dans son hôtel. » Je ne pense pas qu'on puisse reconnaître aujourd'hui en France de lieu d'asile : ainsi tout individu que la justice a ordonné d'appréhender au corps peut être arrêté en tout lieu, sous les conditions établies par la loi, lorsqu'il s'agit même de pénétrer dans l'hôtel d'un ambassadeur.

Les consuls ne jouissent pas des mêmes priviléges que les ambassadeurs. On donne le nom de consuls à ceux qui sont chargés de résider dans les villes et ports de domination étrangère, à l'effet de protéger le commerce de leur nation, et quelquefois de décider les contestations qui peuvent s'élever à ce sujet.

www.ingramcontent.com/pod-product-compliance
Lightning Source LLC
Chambersburg PA
CBHW031122210326
41519CB00047B/4305

* 9 7 8 2 0 1 1 2 6 0 1 6 1 *